Annelies Schwarz

Wir werden uns wiederfinden

Eine Kindheit zwischen 1944 und 1950

Deutscher
Taschenbuch
Verlag

dtv

Die vier Karten zeichnete Karl-Friedrich Schäfer

Die Originalausgabe war bei dtv pocket bisher in zwei Bänden unter folgenden Titeln lieferbar:
Wir werden uns wiederfinden.
Die Vertreibung einer Familie, Band 7820
Die Grenze – ich habe sie gespürt!
Eine Kindheit in Deutschland-Ost und Deutschland-West 1945–1950, Band 7846

Beide Bände erschienen auch in schwedischer Sprache. Ausländische Lizenzausgaben von ›Wir werden uns wiederfinden‹ wurden zudem in Spanien und Dänemark veröffentlicht.

Von Annelies Schwarz sind außerdem bei dtv pocket lieferbar:
Hamide spielt Hamide. Ein türkisches Mädchen in Deutschland, Band 7864
Akuabo – sei willkommen! Eine Reise in ein Dorf in Ghana, Band 78009

Originalausgabe
April 1995

Umschlaggestaltung: Klaus Meyer
Umschlagbild: Reinhard Michl
Gesetzt aus der Garamond 10/11˙ und Helvetica 8/10˙
Papier: ›Recycling Book-Paper‹,
Steinbeis Temming Papier GmbH, Glückstadt
Gesamtherstellung: Kösel Kempten
Printed in Germany · ISBN 3-423-78065-7

Diese Geschichte ist wahr. Sie hat sich in der Zeit zwischen 1944 und 1950 in der heutigen Tschechischen Republik und in Thüringen zugetragen und führt bis nach Hannover.

Liese wurde im Jahre 1938 in der Tschechoslowakei geboren, in Trautenau, einem kleinen Städtchen am Rande des Riesengebirges. Dort lebten zu dieser Zeit vorwiegend Deutsche. Aber nur wenige Kilometer weiter, im Innern des Landes, wohnten die Tschechen.

Die Tschechoslowakei wurde nämlich von drei großen Volksgruppen bewohnt, hauptsächlich den Tschechen, den Deutschen und den Slowaken. Die Deutschen bildeten mit drei Millionen Einwohnern eine geschlossene Volksgruppe in diesem Staat.

Auf der dritten Karte kann man die deutschen Sprachgebiete in der Tschechoslowakei sehen. Sie lagen besonders in den Randgebieten des Landes.

Nahe den tschechisch-deutschen Sprachgrenzen gab es oft Ortschaften, die von Tschechen und Deutschen gemeinsam bewohnt waren. Es kam dort vor, daß Tschechen und Deutsche miteinander verheiratet waren, und nicht selten gab es Familien mit tschechischen und deutschen Vorfahren.

Liese wuchs in einem solchen Dorf auf, etwa 25 km südlich von Trautenau. Nicht überall ging es zwischen Tschechen und Deutschen so friedlich zu wie dort.

Das Zusammenleben von unterschiedlichen Völkern in einem Land brachte Schwierigkeiten mit sich und führte zu Spannungen, oft verstanden die Menschen nicht einmal die Sprache der anderen, obwohl sie Nachbarn in einem Land waren.

In den letzten Jahrzehnten hatten sich die Spannungen verschärft und zu politischen Entscheidungen geführt, die ein friedliches und gleichberechtigtes Zusammenleben der Tschechen und Deutschen auf das Äußerste gefährdeten.

Liese hat das Ende dieses langen Streites erlebt. Im Sommer 1945, nach dem Ende des Zweiten Weltkrieges, vertrieben die Tschechen alle Deutschen aus dem Land. Nach über sechshundert Jahren gemeinsamer Geschichte mußten die Deutschen das Land verlassen.

Das Buch erzählt von Lieses Leben im Dorf gegen Ende des Krieges, den Hitler begonnen hatte. Es erzählt von den Flüchtlingszügen aus Schlesien, dem Einmarsch der Russen, der Diskriminierung der Deutschen, der Vertreibung von Lieses Familie aus dem Haus, dem Dorf und aus dem Land, von Ereignissen, die Liese als Erwachsene noch in Erinnerung hat. Erinnerungsbilder, die sie stark beeinflußt haben. Es sind ihre eigenen Erlebnisse, Erfahrungen, Gedanken.

Den Weg von Lieses Vertreibung kann man auch auf der Kartenskizze 3 ablesen. Es waren nur etwa 280 km. Heute braucht man für diesen Weg weniger als drei Stunden mit dem Auto. Liese aber brauchte mit ihrer Familie für diesen Weg einen langen Sommer.

Insgesamt wurden mehr als 14 Millionen Menschen heimatlos, davon waren es fast 3 Millionen Deutsche aus der Tschechoslowakei, die mit dem Verlust ihres Eigentums und ihrer Heimat für die Kriegsschuld des Hitler-Deutschland bezahlen mußten.

Sie leben heute vor allem in der Bundesrepublik Deutschland, wo sie, wie auch Lieses Familie, eine neue Heimat gefunden haben. 1993 entstanden aus der Tschechoslowakei zwei selbständige Staaten: die Tschechische Republik und die Slowakische Republik.

1914:
Österreichische-Ungarische
Monarchie

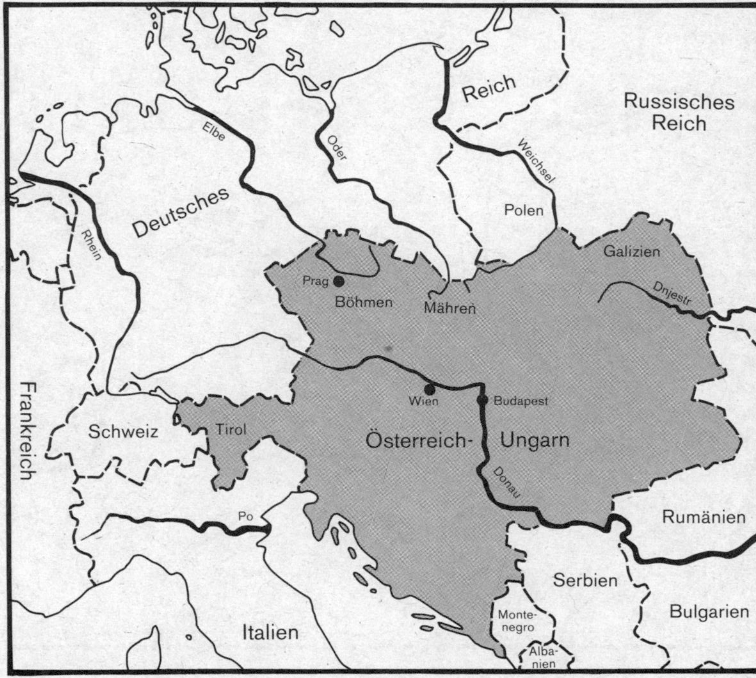

Oktober 1918 in Prag:
Gründung der tschechoslowakischen
Republik

29. 9. 1938:
Anschluß des Sudetenlandes an das Deutsche Reich durch das Münchner Abkommen. Die Slowakei und die Karpato-Ukraine werden selbständig. Das Münchner Abkommen wurde zwischen Hitler (Deutschland), Mussolini (Italien), Chamberlain (Großbritannien) und Daladier (Frankreich) geschlossen.

16. 3. 1939:
Besetzung der tschechischen Gebiete durch Hitler und Errichtung des »Reichsprotektorats Böhmen und Mähren«

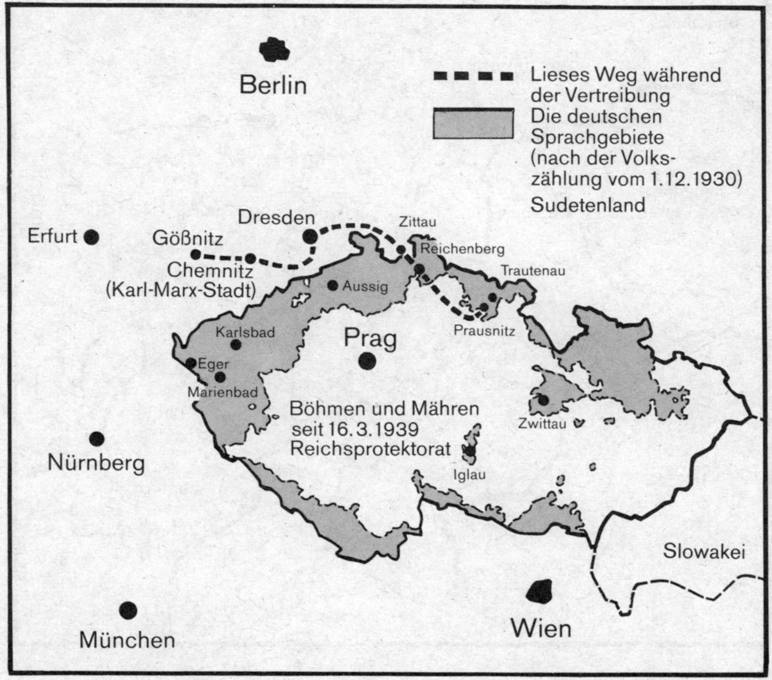

Die Teschechoslowakei nach 1945

Teil I

Wir werden uns wiederfinden
1944–1945

Apfelernte
Flieger am Himmel
Auf Kinder schießen sie ja nicht

Die warme Herbstsonne schien auf die kopfsteingepflasterte Dorfstraße, sie schien auch auf den Obsthang, auf den die Straße geradewegs zulief. Am Fuße des Obsthanges teilte sie sich, eine Abzweigung führte ins Innere des Dorfes, die andere lief nach Westen. Nur ein schmaler Steig, an dessen Rändern Silberdisteln blühten, führte weiter geradeaus, den Hang hinauf in die Berge.

Wir kamen die Straße entlang, ein kleines Trüppchen, beladen mit Körben und Taschen, in die wir am Hang Äpfel und Walnüsse pflücken wollten, Mutter, Christl, meine Schwester, mein Bruder Wolfgang und ich. Der dreijährige Wolfgang hatte zuerst den Steig erreicht: Dort angekommen, legte er sich ins Gras, das Gesicht nahe an die Silberdisteln, die stachelig und weich zugleich waren, und streichelte sie.

Christl zog mich mit dem großen braunen Korb weiter den Hang hinauf, sie war ein Jahr älter als ich und ging schon ins zweite Schuljahr. Hinter uns kam Mutter. »Sind sie nicht wunderschön«, sagte sie, »beinah wie Sterne, die vom Himmel gefallen sind.« Mutter blieb stehen, bückte sich zu Wolfgang hinunter und sah sich mit ihm die Distelblüten an. Dann nahm sie ihn an die Hand und führte ihn zu uns herauf unter die Apfelbäume. Wir pflückten die Äpfel von den tief herunterhängenden Zweigen, es war ein gutes Apfeljahr.

So füllte sich bald der große braune Korb. Mutter ging zum angrenzenden Bauernhof hinüber, um eine Leiter für den Nußbaum zu holen. Gerade trug sie die lange Leiter mit der Bäuerin herüber, als wir plötzlich das Dröhnen von Flugzeugen hörten. Über dem Berg erschienen dunkle Punkte, sie wurden größer und kamen näher heran. Wir konnten die Flugzeuge schon deutlich erkennen.

Wolfgang warf den Apfel, den er gerade gepflückt hatte, weit fort und rannte außer Atem den Hang hinunter, dabei rief er so laut er konnte: »Deckung! Deckung!« Neben einer Pumpe, die am Fuße des Hanges stand, legte er sich flach auf den Boden, eng an den Steinrand gepreßt, als ob er sich im Stein verkriechen könne. Wir mußten lachen, weil es so drollig aussah, aber Mutter rief: »Christl, Liese, legt euch hin, nicht rühren!«

Alle lagen wir auf der Wiese, sahen ins Gras, hörten die Flugzeuge. Ihr Dröhnen wurde ohrenbetäubend laut, sie mußten ganz tief über den Hang fliegen, die Luft drückte auf mich herab.

Nach einer Weile voller Angst, als das Geräusch leiser und leiser geworden war, wagte ich den Kopf zu heben. Ich hörte die bekannten Stimmen von Mutter und der Bäuerin und setzte mich auf.

Die Sonne schien so warm wie vorher. Ich sah die Äpfel im Korb und in den Taschen liegen, und doch war der Tag, der so freundlich für mich begonnen hatte, verändert. Ich hatte Angst und wurde sie nicht los.

Durchs Gras strich eine kleine gelbe Katze zu uns, sie hatte sich wohl auch erschreckt und suchte nun die Nähe der Menschen. Wolfgang lag noch immer hinter der Pumpe. Er war ganz still.

»Steh doch auf, du brauchst nicht mehr in Deckung zu gehen«, rief ihm Christl zu Er drehte sich auf den Rücken und sah in den Himmel. Mit der Hand zog er Kreise in die Luft, und er machte das Geräusch der Flugzeuge nach, nur viel viel leiser. Mit ein paar Sätzen war die Katze bei ihm, sie setzte sich neben Wolfgang und beobachtete seine Hand.

»Sie fliegen zur Front«, sagte Mutter, »dort wird gekämpft, und die Flugzeuge werfen Bomben ab.«

Ich fragte sie, warum wir denn in Deckung gehen müssen, wenn doch hier gar nicht gekämpft wird?

»Man kann das nie so genau wissen«, antwortete Mutter zögernd. »Bis jetzt flogen selten Flugzeuge über unser

Dorf. Wahrscheinlich haben sie sich heute verirrt«, fügte sie schnell hinzu.

»Und auf Kinder schießen sie ja nicht«, Christl sagte das so sicher, und ich glaubte es ihr.

»Wir haben ja noch keine Nüsse geerntet«, rief Mutter, sie kletterte auf die Leiter und schüttelte den Nußbaum. Sie kamen heruntergepoltert, sie fielen auf unsere Köpfe und Schultern. Wir sammelten sie ein. Ich mußte immer an die Flugzeuge denken, ob sie jetzt schon an der Front waren und dort Bomben abwarfen?

Wir redeten nicht mehr viel, als wir mit vollen Körben und Taschen den Steig hinuntergingen; die vom Himmel heruntergefallenen Sterne glitzerten immer noch am Wegrand. Wir gingen die Dorfstraße entlang nach Hause.

Zu Hause
Vorräte im Keller
Quargeln in der Speis'

Wir wohnten in einem großen weißen Haus an der Dorfstraße. Mein Ururgroßvater hatte es gebaut. Es war kein Bauernhaus wie die meisten Häuser im Dorf, heute würde man wohl Landhaus dazu sagen. Wenn die Sonne auf seine Mauern schien, glitzerten tausend winzige silbrige Steinchen im Putz. In den Mauern des Hauses saß für uns Kinder ein Geheimnis, das wir keinem Erwachsenen verraten haben. Sie schmeckten nach Salz, wenn man an der Hauswand leckte, und wir taten es und hüteten unser Geheimnis gut.

Der vordere Eingang des Hauses war für uns in der letzten Zeit verschlossen, er führte zu einer Polizeistation, die im ersten Stockwerk untergebracht war. »Gendarmerie« stand auf einem Messingschild neben der Tür, und eine Hakenkreuzfahne hing aus dem Fenster. In der Gendarmerie saß ein deutscher Polizist aus Berlin, er arbeitete dort seit einigen Monaten. Wir benutzten den Eingang über den Hof, um zu unserer Wohnung im ersten Stockwerk zu kommen. Von einer geräumigen Diele gelangten wir in die Küche, einen hellen Raum, in dem sich der Herd mit der blankgeputzten Herdplatte an der einen Wand befand. In der Mitte, unter einem Lampenschirm aus weißem Glas, stand ein brauner Tisch, an dem mindestens acht Leute sitzen konnten, und an der anderen Wand war der Bettkasten von Mariechen. Mariechen wohnte bei uns, sie war vierzehn Jahre alt und half Mutter und Großmutter im Haushalt. Der Bettkasten war für mich besonders anziehend, er war nämlich nicht nur Mariechens Bett, er war auch ihr Schrank und ein bißchen sogar ihre Wohnung. In den Schubkästen unter der Matratze lag die Wäsche, und wenn Mariechen ins Bett gehen wollte, wurde ein seitlicher Deckel hochgeklappt, eingehakt, und sie konnte in die Koje hineinklettern. In der Koje hingen am unteren Ende die Kleider, und Mariechen bewahrte dort ihre Kostbarkeiten auf: Fotos, eine Halskette und kleine bunte Fläschchen. Der Bettkasten schien mir wie eine sichere Höhle, und ich beneidete Mariechen darum.

Von der Küche aus gelangte man in die Wohn- und Schlafräume. Durch ihre Fenster hatte ich einen guten Ausblick auf die Dorfstraße und weiter hinüber auf eine Wiese jenseits der Straße, über die ich auf die Friedhofsmauer und das angrenzende Tannenwäldchen sehen konnte.

An manchen Tagen im Jahr allerdings verwandelte sich die duftende Wiese in eine bunte, verzauberte Jahrmarktstadt, in der schwarzhaarige Leute, meist Zigeuner mit fremdländischen Tieren, in den beleuchteten Buden Kunststücke vormachten und in der sich ein Karussell mit weißen Holzpferden drehte. Ja, sogar ein tanzender Bär wurde dort vorgeführt, mit einem Ring durch die Nase stand er auf seinen Hinterpfoten vor uns und drehte sich langsam.

Sahen wir zum Küchenfenster hinaus, so schauten wir

auf die Hofseite des Hauses. Hier stand der Brunnen. Er plätscherte immer, Tag um Tag und jede Nacht, ein dünner Wasserstrahl, der in ein Steinbecken fiel. Früher, als Großvater und Urgroßvater noch lebten, wurden dort Pferde getränkt. Jetzt gab er uns das Trinkwasser, das jeden Morgen in weißen Blechkübeln hinauf in die Küche getragen wurde. Eine Wasserleitung, aus der warmes und kaltes Wasser fließt, gab es damals bei uns noch nicht.

Um den Hof standen die ehemaligen Stallungen der Pferde. Nun beherbergten sie Gerätschaften für den Garten. In einem Raum stand eine große Kutsche, Körbe, Schuhe und Gerümpel waren an den Wänden gestapelt. Darüber hingen die schwarzen Lederhalfter der Pferde, sie rochen nach Schuhcreme und glänzten matt von der Wand herunter. Hinter den Stallungen zog sich ein Berg hinauf, über den Wiesen und Felder bis zum Wald liefen. Der Berg hatte sogar einen Namen, er hieß »Sudan«.

Mutter erzählte mir, daß ihre drei Vettern den Berg so getauft hatten, als sie dort – in den Zwanzigerjahren dieses Jahrhunderts – »Entdeckung von Afrika« spielten. Am Fuße des Sudans war die »Oase«, das war ein zweiter Brunnen, aus dem die Bauern vom Berg Wasser schöpften. Sie hängten die vollen Eimer an eine Holzstange, die sie auf den Nacken stemmten, und trugen sie über die Wiesen zu ihren Häusern.

Unsere Apfel- und Nußernte wurde von Großmutter und Mariechen gebührend bestaunt. Alle freuten sich über die roten Äpfel, und wir beschlossen, die kleinen roten auszusortieren und als Schmuck für den Tannenbaum zu Weihnachten aufzubewahren. Im Keller legten Großmutter und ich die Äpfel in flache Kisten, sie sollten keine Druckstellen bekommen und durften darum nicht aneinanderstoßen. In hohen Regalen an den Wänden standen die Einmachgläser aufgereiht, und die eingeweckten Früchte sahen verführerisch auf mich herab. Gurken in vielerlei Grüns, gelbe Marillen, die hell- und dunkelroten Kirschen, Birnenkompott und viele Marmeladensorten!

»Der Winter kann ruhig kommen«, sagte Großmutter, »wir haben vorgesorgt.«

»Können wir ein Glas Kirschen mit nach oben nehmen?« fragte ich Großmutter, »sie schmecken so gut!«

»Die sind für den Winter, oben könnt ihr Äpfel essen«, antwortete Großmutter bestimmt. So viel ich auch bettelte, das Glas blieb an seinem Platz. »Komm, ich zeig dir was«, sagte Großmutter. Sie ging mit mir in die Speisekammer. Dort stand ein hoher irdener Topf. Sie schob den Holzdeckel zur Seite, und ich steckte meine Nase hinein. Eine scharfe Duftwolke schlug mir entgegen. Ich hüpfte von einem Bein aufs andere und freute mich. Großmutter griff in den Topf und holte einen kleinen, wie ein Brötchen geformten Kloß aus Quark mit Kümmel heraus, einen Quargel. Sie legte ihn bedächtig auf das Brett und schnitt eine Scheibe ab. »Mal sehen, ob er schon reif ist, da, koste mal!« Ich kostete, es schmeckte nach würzigem Käse. »Noch ein, zwei Tage sollen sie durchziehen, dann holen wir Pavelka und halten Quargelschmaus.«

Pavelka, ein tschechischer Bauer, liebte Quargeln, und er und Großmutter feierten das Quargelessen wie ein Fest.

Pavelka kam bald. Obwohl er ein Tscheche war, verstand er uns und sprach so gut deutsch wie wir.

Während er mit Großmutter Quargeln verspeiste, saß ich auf seinem Knie und lernte tschechisch zählen; bis sieben ging es schon ohne Stocken.

Ich liebte Pavelka. Er war immer lustig, und in seinen Rocktaschen hatte er für mich meistens eine Fundsache, wie er die kleinen kostbaren Gegenstände nannte. Mal war die Fundsache ein geschnitztes Weidenpfeifchen, mal ein Stein, mal ein Schneckenhaus. Heute war sie eine kleine weiße Taubenfeder. Wir pusteten sie zusammen in die Luft und sahen zu, wie sie sich langsam senkte, sachte, wie eine Schneeflocke.

Es war Winter geworden, mit Frost und Schnee war er eingezogen. Abends duftete es oft nach Bratäpfeln in unserer Küche, und dann, warm in die Betten eingekuschelt, freuten wir uns auf den nächsten Tag, an dem wir mit den anderen Kindern im Dorf wieder Schlittenfahren würden.

In den Wintern davor waren wir Kinder auf Skiern durchs Dorf gelaufen, wir hatten sie jetzt nicht mehr. Mutter hatte sie an einer Sammelstelle im Dorf zusammen mit den Skiern der Erwachsenen für die Soldaten im Krieg abgegeben. Warum sie dazu gerade Skier von Kindern brauchten, die doch viel zu kurz für Soldaten waren, konnte uns niemand beantworten. Einen großen Schlitten hatten wir behalten. Die hölzernen Kufen waren vorn nach oben geschwungen und sahen aus wie die Hörner von einem Stier.

Unsere Schlittenbahn begann oben beim Friedhof und endete auf einem zugefrorenen Bach. Unter dem Eis hörten wir das Wasser glucksen, aber es konnte uns ja durch die dicke Eisdecke nichts anhaben.

Es machte uns einen Heidenspaß, bäuchlings auf die unter dem Eis lauernde Gefahr zuzusteuern. Mit den tschechischen Kindern verstanden wir uns ohne Schwierigkeiten.

»Pozor! Pozor!« rief ein Junge, der oben an der Abfahrtsstelle auf seinem Schlitten lag und auf die Rodelbahn zeigte. Wir alle, die wir ihn hörten, zogen unsere Schlitten beiseite, und schon sauste der Junge die Bahn herunter. Klar, daß sein Ruf so etwas wie: »Vorsicht! Achtung!« bedeutete.

Manchmal, wenn ich mit meinem Schlitten an der Abfahrtsstelle stand, kam der Pavel auf mich zu. Er zeigte mit seiner Schnur auf die hintere Querleiste meines Schlittens, sagte: »Smím přivázat mé sáňky ke tvým?« und sah mich dabei fragend an. Ich antwortete dann entweder: »Mach schon« oder »jetzt nicht«.

Wir verstanden uns jedenfalls, auch wenn jeder in seiner Muttersprache sprach, und wenn es wirklich mal mit der Verständigung nicht klappte, nahmen wir Hände und Füße zu Hilfe.

Jaroslav war der größte und älteste Junge unter uns Schlittenfahrern; wenn er da war, gab es oft eine Rauferei. Er wollte der Anführer sein, aber er hatte einen Rivalen, den Ossi. Ossi hieß eigentlich Oswald. Oswald war ein Deutscher, und Jaroslav war ein Tscheche. Aber wenn die beiden aufeinander losgingen, hielten oft auch tschechische Jungen zu Ossi, weil sie ihn gern mochten. Heute hatte Jaroslav kein Glück, er wurde von Ossi und seinen Freunden so in den Schnee getunkt, daß er aufgeben mußte. Er wischte sich den Schnee aus dem roten Gesicht, und dann sagte er etwas, worüber ich erschrak: »Wenn ihr Tschechen noch mal zu den Nazischweinen haltet, geht es euch dreckig.«

Darauf ging er stolz den Schlittenberg hoch zur Abfahrtsstelle und setzte sich, ohne zu fragen, auf den Schlitten eines Jungen, der sich gerade zur Abfahrt abgestoßen hatte. Auf halber Strecke kugelten beide Jungen vom Schlitten herunter in den Schnee. Jaroslav rannte wieder den Berg hoch und sprang noch einmal mit Schwung auf einen gerade abfahrenden Schlitten auf. Ich war froh, daß er uns jüngere Mädchen in Ruhe ließ, doch hätte ich gern gewußt, warum er die deutschen Jungen Nazischweine genannt hatte. Ich könnte Pavelka danach fragen.

Am nächsten Morgen hatte Mutter eine Überraschung für uns. »Dieses Jahr seid ihr schon groß«, sagte sie zu Christl und zu mir, »ihr könnt mit in den Wald kommen und den Christbaum aussuchen helfen.« Den Christbaum im Wald mit aussuchen dürfen, der an Weihnachten im Wohnzimmer bis zur Decke reichen sollte, das war wunderbar.

Pavelka mit Axt und Säge, Mutter und wir zwei stapften bald durch den glitzernden Schnee, dem verschneiten Obsthang entgegen. Es ging ziemlich schwer den Steig hinauf, weil wir mit jedem Schritt tiefer in den Schnee einsanken, und vor dem nächsten Schritt mußten wir erst mühsam den Stiefel wieder herausziehen. Pavelka rief uns zu: »Geht doch in meinen Fußstapfen, das ist leichter.«

Tatsächlich, es war leichter, wir traten tief in seine Stiefelabdrücke hinein und konnten leicht wieder heraus. Oben angekommen, sahen wir den verschneiten Tannenwald, unseren Wald. Seit mehr als einem Jahrhundert gehörte er unserer Familie.

»Euer Urgroßvater hat beim Pflanzen der kleinen Tännchen mitgeholfen, er hätte heute seine Freude an dem Wald«, sagte Mutter, »damals war er ein Junge, ungefähr so alt wie ihr.«

Ich versuchte, mir den Wald mit den hohen Bäumen und dem Schnee wegzudenken, und wenn ich die Augen zusammenkniff, sah ich tausend kleine Bäumchen nebeneinander, und dazwischen hüpfte mein Urgroßvater als kleiner Junge herum.

»Kommt zur Lichtung«, Pavelka winkte uns mit der Axt ein Stück weiter. Da standen die großen, einsamen Bäume.

»Diesen da drüben wollen wir haben, er ist der allerschönste«, rief Christl.

Er war wirklich wunderbar regelmäßig gewachsen und stand freier als die anderen nah am Abhang.

»Wie lange er gebraucht hat, um so schön und groß zu werden«, meinte Mutter.

Wie ein Wächter stand er da und schaute weit ins Tal hinein. Pavelka nahm die Säge von der Schulter und ging an den Baum heran.

»Nein, nicht absägen, der Baum muß stehenbleiben«, rief ich aus. Es tat uns allen leid, ihn zu fällen. Die Säge wurde schließlich an einem kleineren Baum angesetzt, der lautlos in den Schnee fiel.

Der Weg ins Tal herunter war beschwerlich. Die Nadeln stachen durch unsere Handschuhe. Endlich, auf dem festgefahrenen Schnee der Straße ging es leichter. Der Schnee knirschte unter unseren Schuhen, Pavelka ging vor mir, er pfiff ein Lied vor sich hin. Zu Hause wollte ich ihn fragen, warum Jaroslav so böse auf die deutschen Jungen war.

Mit dem Frieden wird Vater wieder nach Hause kommen
Tschechen und Deutsche leben zusammen im Land
Weihnachten

Großmutter wartete schon auf uns, sie hatte einen heißen Tee gekocht und, nachdem wir den Baum in der Diele abgestellt hatten, machten wir es uns in der Küche gemütlich. Die Flammen im Herd knisterten, draußen begann es zu schneien.

»Wenn doch Vater jetzt bei uns sein könnte«, sagte Christl, »muß er denn immer noch Soldat sein?«

Mutter nahm sich einen vollen Löffel Zucker in ihren Tee und rührte damit lange in der Tasse, während sie antwortete: »Ich verstehe es auch nicht, daß die Nazis nach all den Verlusten und Niederlagen den Krieg noch weiterführen.«

Nazis, da war das Wort wieder.

»Was sind Nazis?« fragte ich. Mutter sah zu Pavelka herüber und sagte dann: »Das sind die Parteifreunde von Hitler. ›Nazis‹ ist die Abkürzung von Nationalsozialisten, sie sind in Deutschland und hier bei uns an der Macht und lassen keine anderen Gedanken zu als die ihren, nicht einmal den Gedanken, daß der Krieg bald beendet werden soll.«

Ich sagte: »Jaroslav hat zu den deutschen Jungen gestern ›Nazischweine‹ gesagt, den Ossi hat er auch damit gemeint.«

Pavelka horchte auf. »So, hat er das?« sagte er. »Das war

nicht gut von ihm. Aber verstehen mußt du das schon, wenn die Tschechen nicht immer gut auf die Deutschen zu sprechen sind. Auch in unserem Dorf freuen sich einige Leute, daß Hitler vor sechs Jahren mit seinen Soldaten die rein tschechischen Gebiete besetzt hat. Er tat das, obwohl er den Tschechen versprochen hatte, ihre Selbständigkeit nicht anzutasten. Seit 1938 bestimmen nur noch Deutsche hier in der Tschechoslowakei, und wir sind doch ein Land, in dem verschiedene Völker miteinander leben, Tschechen, Deutsche und Slowaken.«

»Was haben die deutschen Nazis den Tschechen und Slowaken getan, daß Jaroslav sie Schweine nennen muß?« bohrte ich weiter.

»Die deutschen Besetzer haben den Tschechen viel Leid angetan und ihre Macht oft mißbraucht.«

Großmutter goß Pavelka Tee nach, dann sagte sie zu ihm: »Weißt du noch, wie es 1917 war, nach dem Ersten Weltkrieg? Da hatten die Tschechen die Macht in der Tschechoslowakei, und den Deutschen geschah viel Unrecht.«

»Ja, Maria«, Pavelka nickte, »das ist wahr. Wenn nur die Menschen begreifen würden, daß es *mit*einander besser geht als *gegen*einander.«

»Warum können sich die Tschechen und die Deutschen nicht so gut verstehen wie wir beide?« fragte ich Pavelka.

»Weil sie die Sprache der anderen nicht kennen. Die Deutschen können kein Wort Tschechisch verstehen, und die Tschechen verstehen kein Deutsch«, antwortete er, und diese Erklärung war einsichtig für mich. Dann sagte Pavelka: »Vaš čay byl dobrý, u vás se mi to líbí a doufám, že žustaneme stále přátelé.«

»Sag es auf deutsch«, bat Christl.

»Das will ich tun«, sagte Pavelka, »damit ihr nichts Falsches annehmen müßt. Gut war euer Tee, bei euch ist es schön, und ich hoffe, daß wir immer Freunde bleiben werden.«

Mitten in unser Gespräch klopfte es an die Küchentür.

Noch ehe Großmutter »herein« rufen konnte, trat Herr Schmitt, der Polizist aus Berlin, der in der Gendarmerie arbeitete, in die Küche.

»Heil Hitler«, sagte er.

»Je, der Herr Schmitt«, sagte Großmutter.

Mutter sagte leise »Heil Hitler«, Pavelka sagte nichts. Er trank weiter seinen Tee und legte dann noch einen Scheit Holz aufs Feuer.

Herr Schmitt trug eine Uniform, an der viele Hakenkreuze aufgesteckt und angenäht waren. Er war also auch ein Freund Hitlers. Ich wollte es genau wissen. »Sind Sie auch ein Freund von Hitler, Herr Schmitt?« fragte ich. Mutter und Großmutter sahen mich entsetzt an, sie fürchteten wohl, daß ich gleich auch noch das mit den »Nazischweinen« sagen würde. Aber das hatte ich nicht vor, irgendwie spürte ich, daß ich Jaroslav nicht verraten durfte.

Mutter meinte: »Das ist unsere neugierige Liese, sie stellt immer so viele Fragen.«

»Sie hat ja ganz recht«, sagte Herr Schmitt, »selbstverständlich bin ich ein Freund des Führers, und du liebst ihn ja auch.«

Er kam nah an mich heran und sah mich an. Ich sah auf den Fußboden und schüttelte den Kopf. »Sonst spielen die tschechischen Jungen nicht mehr mit mir«, sagte ich leise.

»Laß deine Kindergeschichten«, sagte Großmutter streng, »die interessieren Herrn Schmitt nicht«, und zu ihm gewandt, fragte sie: »Was möchten Sie denn von uns?«

»Ich brauche für die nächste Zeit Quartier für acht Kollegen, Polizei aus Berlin, ihr habt doch noch freie Zimmer und genug Betten im Haus.«

Schweigen.

Dann: »Das geht nicht, Herr Schmitt.« Großmutter hatte gesprochen. »Wie stehen wir denn da im Dorf? Drei Frauen allein, ohne Mann im Haus, und acht fremde Männer einquartiert. Das machen wir nicht.«

»Nein, das geht wirklich nicht. Herr Schmitt, Großmutter hat Recht«, sagte Mutter.

»Sie sollten mehr zu uns halten«, antwortete Herr Schmitt, und seine Stimme klang scharf, »das kann noch schlecht für Sie alle ausgehen. Sie tun zu wenig für das Deutsche Reich – Und du, Liese«, Herr Schmitt ging schon zur Tür, »du solltest mehr mit den deutschen Kindern im Dorf spielen, die Tschechen brauchen wir sowieso nicht.«

Ich war wütend und dachte: ›Er hat keine Ahnung von uns Kindern im Dorf.‹

Als er gegangen war, sagte Mutter nachdenklich: »Wer weiß, was die acht Polizisten im Dorf vorhaben.«

»Habt ihr Angst vor Herrn Schmitt?« fragte ich.

»Nein, nicht gerade Angst«, antwortete Mutter, »aber wir trauen ihm nicht. Womöglich zeigt er uns bei seinem Vorgesetzten an, weil wir nicht alles tun, was er will. Wir müssen vorsichtig sein.«

»Du hattest Mut, Maria«, Pavelka sah zu Großmutter, »sie denken wohl, man muß alle Dummheiten mitmachen.«

Bisher hatte ich geglaubt, Dummheiten machen nur wir Kinder.

In der folgenden Zeit waren Mutter und Großmutter sehr beschäftigt. Sie buken duftende Plätzchen und Christstollen, wir halfen mit, Sterne und Monde auszustechen und naschten die übriggebliebenen Ränder vom Teig, schnell, noch ehe sie wieder in den knetenden Händen von Mutter verschwanden.

Ob Vater wohl nach Hause kommen würde? Er war Soldat. Man wußte nie genau, wo er stationiert war. Die letzte Nachricht war aus Flensburg gekommen, er schrieb: Ich komme Weihnachten nach Haus.

Er kam, er kam mit dem Bus ins Dorf, nachdem er die ganze Nacht in einem überfüllten Zug gefahren war. Vater sah schmal aus, er hatte Schatten unter den Augen und war sehr müde. Auf Vaters Uniform war ein Hakenkreuz. »Alle Soldaten müssen es haben«, sagte er. Vater und Mutter sprachen oft vom Frieden, der bald kommen mußte, und von dem Glück, daß wir Kinder mitten im Krieg in einem versteckten Dorf leben konnten – und nicht in einer deutschen Großstadt. Natürlich fand ich, war es ein Glück, in unserem Dorf zu wohnen, und ich wollte auf gar keinen Fall in eine deutsche Großstadt und eigentlich überhaupt nicht fort aus Prausnitz.

Am Heiligen Abend stand der Christbaum, den wir aus dem Wald in unser Haus getragen hatten, über und über behangen mit Plätzchen, roten Äpfeln, Sternen, Kugeln und zarten Vögeln aus böhmischem Glas im Zimmer. Er sah so schön und strahlend aus, als die Kerzen angesteckt wurden, und wir saßen glücklich darunter, sangen, hörten die Weihnachtsgeschichte, die Vater erzählte, und knabberten Gebäck.

Noch einen Tag, dann mußte Vater wieder abreisen. Alle weinten, Mutter, Großmutter, ja, sogar Mariechen. Ich verstand das nicht. Vater würde doch bald mit dem Frieden für immer nach Hause kommen, er hat das doch gesagt.

Mutter sagte leise: »Wir werden uns überall wiederfinden, auch wenn wir fortmüssen.« Vater wiederholte: »Wir werden uns überall wiederfinden, ich komme zu euch, wo ihr auch seid...« Er hob uns Kinder nacheinander auf den Arm.

Ist doch klar, was haben sie nur, Vater kommt bald wieder, und ich wünschte mir noch schnell, daß er mir das nächste Mal ein Bilderbuch mitbringen soll.

Vater fuhr mit dem Bus fort. Ich sah ihn noch am vereisten Fenster, wie er in seiner Soldatenuniform dasaß und winkte. Der Bus fuhr die Dorfstraße entlang, aus dem Dorf hinaus, nach Mastik zu. Er verschwand hinter einem Hügel. Alle hatten wir ihm nachgesehen. Wir waren wieder allein, Großmutter, Mariechen, Mutter und wir drei Kinder.

»Kommt ins Haus, es ist kalt«, sagte Mutter.

Flüchtlinge
Sie können nicht mehr nach Hause, die Nacht kommt

Es war Februar im Jahr 1945. Noch immer lag Schnee, und es war sehr kalt.

Zu Hause wurde jetzt oft der Volksempfänger eingeschaltet, so sagten damals die Leute zum Radio. Manchmal rief uns Mutter alle zusammen, wenn etwas Wichtiges durchgesagt wurde. Wir warteten darauf, daß jemand sagte: »Der Krieg ist aus, und alle Väter kommen nach Hause.« Gut konnten wir die Stimmen im Volksempfänger nicht verstehen, hundert Nebengeräusche rauschten mit. So fragten wir am Ende immer: »Was haben sie gesagt?« Aber das, worauf wir warteten, kam nie. Der Volksempfänger hielt alle Leute im Haus in Spannung, oft versetzte er sie auch in Angst und Aufregung. Alle Nachrichten über den Verlauf des Krieges kamen über ihn in unser Haus.

Eines Abends stürzte Pavelka herein: »Die Ostfront rückt näher. Die Schlesier flüchten vor den russischen Soldaten.« Diese Nachricht hatte er nicht aus dem Volksempfänger. Großmutter, die abends immer lang beim Radio saß, hatte sie auch nicht gehört. Wie ein Lauffeuer mußte sie von Dorf zu Dorf gegangen sein. Oder – wußten die Tschechen mehr als die Deutschen? Wir, die Deutschen im Norden Böhmens, die man auch die Sudetendeutschen nannte, waren die westlichen Nachbarn der Schlesier.

Schon wenige Tage nach dieser Nachricht sahen wir sie, die schlesischen Flüchtlinge.

Auf ihrem langen Weg nach Westen kamen sie auch

durch unser Dorf, die Dorfstraße entlang, an unserem Haus vorbei. Zu Fuß, mit Säcken, Rucksäcken, Taschen und kleinen Kindern auf dem Arm. Manche zogen Leiterwagen, vollgepackt mit Bündeln und Koffern. Sie liefen am Haus vorbei, nicht schnell, aber stetig, ohne Pause, ein endloser Zug müde und traurig aussehender Menschen. Sie liefen in Gruppen zusammen, ganze Dörfer waren gemeinsam geflüchtet, sagte man uns. Wir sahen fast nur Frauen, Kinder, alte Leute, dann wieder Frauen, Kinder, alte Leute.

»Wir werden uns wiederfinden, wenn ihr fortmüßt«, die Worte meines Vaters fielen mir wieder ein. Ob die Väter der Kinder da im Flüchtlingszug wußten, wohin sie gingen, daß sie gerade durch unser Dorf liefen, mitten im Winter, im kalten Februar?

Ich saß mit Christl und Wolfgang am Fenster und sah den Menschen nach. Warum nur mußten sie mitten im Winter aus ihren warmen Häusern und den gemütlichen Küchen fort? Wer schickte sie weg? Brauchten die russischen Soldaten die Häuser? Wohin zogen sie, einer hinter dem anderen, wer wußte den Weg? Mutter und Großmutter wichen aus, wenn wir sie fragten. »Vielleicht können sie bald wieder nach Hause«, sagte Großmutter. Sehr sicher klang ihre Stimme nicht.

»Sie müssen auch wieder nach Haus, sie haben ja keine Betten mit«, meinte Wolfgang, das klang schon glaubwürdiger.

Wir blieben wie angewurzelt am Fenster; ein nicht endenwollender Menschenstrom zog an uns vorüber. Bald wurde es dunkel.

»Sie können nicht mehr nach Haus, heute nicht mehr, es ist zu dunkel«, sagte Christl.

Wolfgang lief aufgeregt zu Mutter in die Küche: »Sie können nicht mehr nach Haus, die Nacht kommt«, er fing an zu weinen.

Mutter sagte aber ruhig: »Ja, Wolfgang, sie können nicht mehr weiter gehen, die letzten Flüchtlinge bleiben hier im

Dorf. Unsere Bauern haben Strohsäcke in die Schule geschafft, da können sie sich ein paar Tage ausruhen. Morgen gehe ich auch in die Schule, wir Frauen wollen für die Leute kochen.«

Als wir Kinder in den Betten lagen, in den warmen weichen Federbetten, versuchten wir uns vorzustellen, wie sie da alle im Klassenraum schliefen. In unserer Vorstellung lagen sie warm zusammengekuschelt unter ebenso weichen Federbetten wie wir. Wir wußten nicht, daß sie unter ihren Mänteln und den wenigen Decken froren und daß kleine Kinder mit hohem Fieber dabeilagen, die sich auf dem langen Marsch erkältet hatten; wir wußten auch nicht, daß kleine Kinder allein unterwegs waren und sich in den Schlaf weinten, weil sie ihre Mutter oder die Großeltern im Treck zwischen den vielen fremden Menschen verloren hatten.

Wir wußten nicht, daß alte Menschen darunter saßen, die ihre wundgelaufenen Füße nicht bewegen konnten.

Meine Mutter bekam das Elend zu sehen, als sie am nächsten Tag in der Schulküche kochte. Als sie nach Hause kam, nahm sie uns immer und immer wieder in den Arm: »Gut, daß wir noch alle zusammen sind, wie gut, daß wir noch im Haus bleiben können. Jetzt im Winter flüchten müssen, ist furchtbar. Viele sind schon tagelang unterwegs, sie hoffen immer noch, daß sie wieder zurückkönnen.«

Sie kamen am nächsten Tag wieder an unserem Haus vorbei, bis zum Abend und die nächsten Tage auch. Die breite Landstraße war voll von Menschen. In ihrer Mitte fuhren manchmal Pferdewagen, auf denen alte Leute saßen. Zu beiden Seiten der Wagen liefen die Flüchtlinge. Einmal geschah etwas Furchtbares. Vor unserem Haus blieb ein Pferdewagen stehen, mitten im Flüchtlingszug. Manche Leute gingen weiter, doch die, welche dem Wagen am nächsten liefen, blieben stehen. Sie sprachen aufgeregt.

Der alte Mann, der auf dem Wagen die Zügel hielt, schlug auf die zwei Pferde ein. Sie gingen nicht weiter. Sie konnten nicht mehr, sie waren dürr und rührten sich nicht von der Stelle.

»Jetzt ist alles aus, alles ist aus, Jesus Maria«, weinte eine alte Frau, die auf dem Wagen saß, sie schrie es immer lauter, wir hörten es bis ins Zimmer hinein. Ein paar Leute holten die Gepäckstücke, drei kleine Kinder und die alte Frau vom Wagen herunter. Ein Junge kam von unserem Hof mit einem Eimer voll Wasser, er hielt ihn vor die Mäuler der Pferde. Sie standen noch eine Weile, dann fielen sie um und lagen auf der vereisten Straße, mitten unter den Leuten.

Großmutter holte uns energisch vom Fenster weg. »Die Leute wollen nicht, daß ihr zuschaut«, sagte sie.

Am nächsten Morgen waren die Pferde fort, der große Leiterwagen stand am Straßenrand, leer.

»Sie mußten zu Fuß weitergehen, sie hatten keine Pferde mehr«, war alles, was uns die Erwachsenen sagten.

Ich wollte jetzt nicht mehr zum Fenster hinaussehen, ich blieb lieber in der Küche bei Großmutter, in der Nähe des warmen Herdes und sah dem Feuer zu.

Großmutter erzählt von früher
Schritte im Hof
Pavelka

Großmutter erzählte.

Das tat sie gern, während sie in der Küche hantierte. Sie erzählte mir, wie sie als achtzehnjähriges Mädchen in das Dorf gekommen war, das war 1904. Wie sie Postmeisterin in Prausnitz wurde und meinen Großvater heiratete, dessen Vater das Postamt bis dahin verwaltet hatte.

»Weißt du, es war schon eine besondere Auszeichnung damals, wenn eine Frau diesen Posten bekam. In den meisten Städten und größeren Dörfern waren Männer die Postmeister. Mir hat mein Beruf viel Freude gemacht, ich war immer eine gute Postmeisterin, Liese, und das hatte ich dem Kaiser Franz Josef auch versprochen.«

»Dem Kaiser hast du es versprochen?« Ich kannte bis dahin Kaiser und Könige nur aus Märchen, und daß meine Großmutter dem Kaiser etwas versprochen haben sollte, ging über meine Vorstellung.

»Warst du bei ihm im Schloß?« fragte ich.

Großmutter lachte, sprach dann aber mit wichtigklingender Stimme weiter: »Er wohnte in Wien und war Herrscher über Österreich-Ungarn, und wir, die Bewohner Böhmens, gehörten dazu. Prausnitz liegt in Böhmen, und Böhmen ist ein Teil der Tschechoslowakei. Der Kaiser konnte natürlich nicht zu einer Postmeisterin nach Böhmen kommen, dazu hatte er zu viel zu tun. Ich konnte ihn leider auch nicht besuchen, aber sein Bild, das hab ich vielleicht tausendmal gesehen. Das war damals auf den Briefmarken. Als ich anfing, als Postmeisterin hier zu arbeiten, habe ich eine Urkunde mit dem kaiserlichen Stempel bekommen, und ich mußte ein Papier unterschreiben, auf dem stand, daß ich verspreche, jederzeit eine treue Dienerin des Kaisers zu sein.«

Großmutter war also eine Dienerin gewesen, eine Dienerin des Kaisers. Auch Diener kannte ich nur aus Märchen, dort mußten sie Befehle erfüllen und vor allem immer ihrem Herrn gehorchen. Großmutter mußte wohl eine sehr stolze Dienerin gewesen sein.

»War es so, daß eine Dienerin des Kaisers eine ganz tolle Postmeisterin sein mußte?«

»Ja, so kann man das sagen«, meinte Großmutter.

»Und warum bist du jetzt nicht mehr Postmeisterin?«

»Ach, das ist eine lange Geschichte«, sagte sie. »Das war im Jahr 1918, da durften hier im Land keine Deutschen mehr Postmeister sein. Es war die Zeit nach dem Ersten Weltkrieg – ab da gehörten Böhmen und Mähren nicht mehr zu dem Gebiet, das der Kaiser bis dahin regiert hatte.

Die Tschechen übernahmen die Regierung und gründeten die »Tschechoslowakische Republik«. In vielen deutschen Dörfern wurden tschechische Schulen eingerichtet, und in die deutschen Poststellen kamen tschechische Postbeamte. Es war damals eine Zeit, die für die Deutschen nicht gut war. Na, und damit verlor ich meine geliebte Arbeit auf der Post.«

»Warst du auf den Tschechen böse, der dir deine Post weggenommen hat?« fragte ich.

»Nein, auf ihn nicht, er hat sich gefreut, daß er Arbeit bekam; er hatte vier Kinder und brauchte das Geld, das er hier verdiente. Wir hatten ja das Haus und einen Bauernhof und den großen Wald. Not brauchten wir deshalb nicht zu leiden. Nein, auf meinen Nachfolger war ich nicht böse, aber auf die damalige tschechische Regierung war ich nicht gut zu sprechen. Sie gab den Deutschen nicht die Rechte im Land, die ihnen zustanden.«

Großmutter wurde plötzlich unruhig. Sie hatte im Hof Schritte gehört und trat ans Fenster. »Gott sei Dank, Pavelka ist dabei«, sagte sie. Ich sah auch hinunter. Auf dem Kies standen sechs Männer, die wild gestikulierend miteinander sprachen. Sie sprachen tschechisch, ich verstand nichts, sah aber, daß Pavelka ihnen mit der Hand abwinkte.

Sie gingen wieder. Ich wartete darauf, daß Großmutter etwas sagen würde, aber sie schwieg.

»Wer war das?« fragte ich sie.

»Keine Ahnung, aber man weiß ja nie, was alles passieren kann.«

»Hast du Angst?« wollte ich wissen. Sie kam nicht dazu, mir zu antworten, Pavelka trat in die Küche.

»Sie wollten ins Haus, nachsehen, ob ihr Waffen versteckt habt. Ich konnte es gerade noch verhindern, wer weiß, was sie hier gemacht hätten.« Pavelka setzte sich.

Großmutter brachte ihm Tee. Er schlürfte ihn genüßlich.

»Wenn Tschechen, die ihr nicht kennt, zu euch ins Haus kommen, sprecht am besten tschechisch, sie werden nicht merken, daß ihr Deutsche seid, ich glaube, es ist für die nächste Zeit besser.«

Ich verstand die Welt nicht mehr. Gerade noch war ich sicher, daß die Deutschen im Land was zu sagen haben, jetzt sah es so aus, als müßten wir uns vor den Tschechen fürchten. Obwohl doch so viele Tschechen unsere Freunde waren.

Laut fragte ich: »Wer hat hier eigentlich zu bestimmen?«

»Ja, wer eigentlich?« Großmutter und Pavelka sprachen es fast gleichzeitig aus; aber sie gaben keine Antwort. Wahrscheinlich dachten sie, ich verstehe das noch nicht. Oder wußten sie es selbst nicht?

Im Wald wird geschossen
Angst

Herr Schmitt jedenfalls hatte bei uns nichts mehr zu bestimmen. Ihn gab es nicht mehr im Haus. Er war vor ein paar Tagen mit einem schwarzen Auto abgefahren.

»Ihm ist es hier zu heiß«, flüsterte Mariechen, »er muß wohl auch an die Front«, sagte Großmutter, »jetzt kann ich wieder aufatmen«, sagte Mutter.

Ich mochte ihn auch nicht leiden, weil er was gegen Kinder hatte und vor allem gegen tschechische. So waren alle froh, daß er weg war.

Bald zogen keine Flüchtlinge mehr durch unser Dorf. Die meisten waren irgendwohin nach Westen geflüchtet, einige waren im Dorf geblieben und wohnten bei Bauern. Sie wollten nicht zu weit von Schlesien fort, weil sie hofften, daß sie doch wieder zurück könnten.

Frühling war es geworden. Die Kastanien an der Dorfstraße blühten und dufteten durch die Luft. Wir Kinder wollten am liebsten wieder in den Wäldern herumstrolchen und durch die Wiesen laufen, aber Mutter und Großmutter hatten es streng verboten.

»Bleibt immer in der Nähe von Häusern und geht auf gar keinen Fall in den Wald, dort wird geschossen«, sagte Mutter.

Die Erwachsenen im Dorf verhielten sich anders als früher, meist standen sie in kleinen Grüppchen zusammen und redeten leise und aufgeregt miteinander.

»Josef, der Besitzer von der Spinnerei, ist von Tschechen in den Wald verschleppt worden, dort haben sie ihn erschossen, und vorher mußte er sich sein eigenes Grab schaufeln«, Christl flüsterte es aufgeregt Mariechen und mir beim Schuheputzen zu. Sie hatte die Nachricht aufgeschnappt, als sie die Gastwirtsfrau beim Kaufmann erzählt hat.

»Mariechen, ist das wirklich wahr? Sag mir, ob das wahr ist.«

Mariechen sagte, sie wisse es nicht und dann leise: »Ihr dürft es aber nicht Mutter oder Großmutter verraten, ihr sollt es eigentlich nicht wissen, weil es zu schlimm ist. Aber es werden jetzt oft deutsche Leute von Tschechen erschossen.«

»Aber die Tschechen sind doch unsere Freunde«, sagte ich. Ich konnte es nicht glauben, weil ich so viele freundliche Tschechen im Dorf kannte.

»Unsere Freunde machen das auch nicht, das sind andere, sie rächen sich an denen, die früher gemein zu ihnen waren.« Ich war fürs erste beruhigt. Wir versprachen Mariechen, daß wir niemandem von unserem Gespräch etwas verraten würden.

Mutter und Großmutter wußten es wohl schon, ich überraschte sie gerade in der Küche, als ich Großmutter sagen hörte: »Gut, daß Josefs Vater das nicht mehr erleben mußte.« Sie wurde still, als sie mich bemerkte, und dann redeten sie beide auf mich ein: »Daß du ja nie allein in den Wald läufst, überhaupt darf kein Kind mehr in den Wald, am besten ihr spielt jetzt nur noch im Hof und im Garten.«

Ich fragte nichts, ich wußte ja, warum sie auf einmal so streng und ängstlich waren. Wir sollten wohl nicht sehen, was im Wald passierte.

Am nächsten Morgen lief ich zur feuchten Oase und kletterte den Sudan hinauf. Niemand hatte mich weggehen sehen. Vom Sudan aus sah ich zum Wald hinüber. Dort, im alten Steinbruch, in dem die Sonne brütete, zwischen den Birkenstämmchen und im Kiefernhain hatten wir im letzten Sommer unsere Spiele gespielt.

Jetzt lag er auch in der Sonne, ich sah keinen Menschen und hörte kein Geräusch. Alles war still. Eine Weile lauschte ich, ob auch kein Schuß zu hören war, dann lief ich los, lief durch die Wiese bis zum Feldweg. Ich war schon fast am Wald, ungefähr hundert Meter vor mir standen die ersten Birken. Die weißen Stämme lockten mich. Wieder horchte ich. Ein Eichelhäher erhob sich mit warnendem Ruf und flog hinüber zum Kiefernhain. Er mußte also vorher ganz ruhig im Wald gewesen sein, keine Soldaten, dachte ich, niemand wurde erschossen, sonst wäre kein Eichelhäher dageblieben. Ich lief weiter. Mein Herz klopfte bis zum Hals. Bald hatte ich den Wald erreicht. Plötzlich, ein Geräusch von knackenden Zweigen – laut unterbrach es die Stille. Ein Schreck durchfuhr mich. Gerade noch sah ich, wie ein Reh durch das Unterholz fortsprang. Wie erstarrt blieb ich stehen, dann drehte ich mich um und lief zurück. Ich rannte so schnell ich konnte, fiel ein paarmal ins Gras, ich sah nichts mehr vor meinen Augen, sie waren voller Tränen. Ich spürte eine wahnsinnige Angst in mir und wußte doch, es war nur ein Reh.

Als ich im Hof ankam, war zum Glück kein Mensch zu sehen. Ich ging zum Brunnen und hielt die Hände in den Wasserstrahl. Das tat gut. Es war doch nur ein Reh, es war doch nur ein Reh, hämmerte es in meinem Kopf. Langsam konnte ich wieder klar denken und wurde dann sogar froh, denn ich wußte ja, heute früh haben sie in meinem Spielwald keinen Menschen erschossen.

Die Haustür stand offen, ich ging hinein, drin war es angenehm kühl. Mariechen trug gerade einen Eimer voll Kartoffeln hoch in die Küche.

»Du weißt wohl auch nicht, was du tun sollst«, sagte sie, »Christl und Wolfgang malen schon den ganzen Morgen. Willst du nicht auch was malen?«

Zum Malen hatte ich keine Lust, jetzt nicht, aber schreiben wollte ich.

»Ich möchte mal wieder was schreiben«, sagte ich, »sonst verlerne ich es noch.«

»Gute Idee«, meinte Mariechen. Ich holte meinen Ranzen vom Haken und gab Mariechen die Schiefertafel und den Griffel: »Mariechen, schreibst du mir was vor?«

Mariechen machte den Griffel mit ihrer Zunge feucht und wartete.

»Schreib: Im Wald ist ein Reh.« Mariechen schrieb vor, in die erste Reihe. Langsam schrieb ich den Satz nach, immer öfter, die ganze Tafel voll, bis zum Mittagessen.

Wo ist Vater?
Im Dorf wird geplündert

Im Mai waren die Deutschen von den Amerikanern, Russen, Engländern und Franzosen besiegt worden. Der Krieg war aus.

Eigentlich hätten sich alle freuen müssen. Darauf hatten wir doch so lange gewartet.

Bei uns zu Hause sagten sie: »Der Krieg ist aus, aber der Frieden ist noch nicht da. Gott sei Dank hat das Blutvergießen ein Ende.« Sie sagten aber auch: »Jetzt sind wir Deutschen Freiwild für die Tschechen« und »die Russen marschieren ein, sie besetzen auch unser Land«.

Auf die Frage, ob Vater jetzt nach Hause kommen würde, antwortete niemand richtig. Sie sprachen sogar von Gefangenschaft. Das war ein neues Wort für mich.

»Unsere deutschen Soldaten sind in Rußland in Gefangenschaft geraten, und sie können nicht nach Hause zu ihren Frauen und Kindern«, sagte Großmutter, und Mutter meinte: »Hoffentlich versucht Vater nicht, zu uns nach Prausnitz zu kommen, sonst gerät er unterwegs in Gefangenschaft.«

Abends im Bett stellte ich mir mit Christl vor, wie Vater von Soldaten verfolgt wird, wie er läuft, er läuft so schnell er kann, daß sie ihn nicht fangen können.

Und wir malten uns aus, wo er sich verstecken könnte. Gute Verstecke hatten wir für ihn. Er sollte aus dem Zug springen und in einer Scheune ins Heu kriechen, sich ein Loch in den Scheunenboden graben und den Eingang so gut tarnen, daß ihn keiner entdeckt.

»Wenn er nur eine Schaufel findet, dann kann er das«, sagte Christl.

„Ich würde mich an seiner Stelle in der Kirche unter dem Altar verstecken«, meinte ich dann, »das ist sicherer. Hinter das Altartuch würde ich kriechen, und kein Soldat würde sich trauen, dort zu suchen, weil er Angst vor Gott hat.«

Ich dachte dabei an das große gemalte Auge Gottes in der Dorfkirche. In Gedanken sahen wir immer wieder Vater, wie er versuchte, zu uns zu kommen, wie er allen, die ihn aufhalten wollten, sagte: »Laßt mich durch, ich muß zu meinen Kindern.«

Darüber schliefen wir ein.

Vater kam nicht.

Es hatte schon die ganze Woche geregnet. Wir waren kaum draußen gewesen, nur vom Fenster aus sahen wir, wie das Gras auf der Wiese vor dem Haus höher und höher wuchs. Endlich hatte der Regen an einem Nachmittag nachgelassen. Mutter rief uns Kinder. Wir schlüpften in unsere Regenmäntel und zogen Gummistiefel an. Mutter ging mit uns ins Dorf. Sie wollte Brot, Butter und Eier holen, und wir schlugen den Weg zu einem etwas abseits gelegenen Bauernhof ein, in dem das Brot von der Bäuerin selbst gebacken wurde. Ich sah dort immer gern zu, wie der Brotteig in mit weißem Mehl eingestaubte Körbe gelegt und dann mit langen Holzstangen, die vorn einer Schaufel ähnlich sahen, in den Backofen geschoben wurde.

Die Bäuerin winkte uns, wir sollten nur ja schnell hereinkommen. Sie war so aufgeregt, man sah es gleich, daß etwas nicht stimmte.

Mit der Hand fuhr sie sich ein paarmal über die Augen: »Setzt euch doch«, sagte sie, »komm, Wolfgang, komm zu mir auf die Bank.«

Wir setzten uns auf die Holzbank, die am Tisch stand. Drüben am Fenster saß Lena, das Kind von der Bäuerin. Sie war schon dreizehn.

Heute blieb sie am Fenster sitzen und schaute nicht zu uns herüber. Sie suchte mit ihren Augen wohl etwas auf dem Fußboden. »Lena, geh, bring den Kindern ein Glas Milch«, sagte ihre Mutter. Lena, die sonst immer gleich auf uns zugekommen war, die den Wolfgang so gern herumschleppte und mit ihm spielte, ging wortlos an den Schrank und holte einen blauen Krug heraus. Sie goß jedem einen halben Becher voll ein. »Solange wir die Kuh noch haben, sollt ihr auch Milch bekommen, da, trinkt.«

Die Bäuerin nickte uns zu. Die frische Kuhmilch schmeckte uns. »Gestern sind tschechische Soldaten hier gewesen, sie haben alles mitgenommen, was in der Speisekammer war, den Speck, Butter, Eier und das Mehl. Nur was auf dem Dachboden stand, haben sie nicht gefunden, sonst hätten wir nichts mehr zum Backen. Wir haben die Tschechen nicht hindern können – der eine hat uns mit dem Gewehr bedroht – und die Lena, die haben sie in die Kammer gezerrt und dort...« Hilde, die Bäuerin, sprach nicht weiter. Tränen traten ihr in die Augen, Lena weinte auch. Ich hätte zu gern gewußt, was sie dort mit Lena gemacht haben, aber ich getraute mich nicht zu fragen, die beiden weinten und schluchzten so.

»Wir haben gedacht, nehmt nur alles mit, aber laßt uns am Leben«, Hildes Worte waren kaum zu verstehen.

Mutter war auch ganz betroffen, ich glaube, sie hatte auch Tränen in den Augen, dann sagte sie: »Bei uns war es gestern ruhig, wahrscheinlich, weil die tschechische Polizeistation im Haus untergebracht ist. Die tschechische Polizei ist in der Gendarmerie, Nachfolger von Herrn Schmitt. Vielleicht ist es besser, du schickst Lena zu uns rüber.« Mutter legte die Brote in die braune Ledertasche, die Lena vom Regal nahm. »Wir gehen jetzt lieber«, sagte sie dann.

Draußen war die Luft würzig und frisch. Der Dorfbach rauschte stark, er war vom Regenwasser hoch angefüllt.

»Ich möchte so gerne die Hühner sehen«, Wolfgang zog Mutter auf einen Kiesweg, der zur Pfarrei führte. Obwohl Mutter eigentlich nach Hause wollte, ließ sie sich doch überreden, einen Umweg zu machen. Dort, in Pfarrers Garten, gab es nämlich einen wunderschönen Hahn, dem Wolfgang so gern zusah, wie er um seine Hühner herumgockelte. Krähen hörten wir ihn schon von weitem, aber von der stolzen Hühnerschar scharrten nur noch zwei im Garten herum. Die Pfarrersköchin schaute zum Fenster heraus und winkte Mutter zu, als sie uns kommen sah. Sie kam heraus, strich mit den Händen über die Schürze und zeigte auf die Hühner. »Das haben sie uns übriggelassen. Gestern haben die Tschechen schlimm im Dorf gehaust, den Michael vom Nachbardorf habe ich wiedererkannt, die anderen waren alles Fremde.«

»Sind sie auch in der Kirche gewesen?« fragte ich.

»Nein, die war abgeschlossen, und den Schlüssel hab ich im Stall versteckt.«

Das ist gut, dachte ich, und Christl flüsterte ich zu: »Siehst du, da konnten sie nicht rein, das wäre ein gutes Versteck für Vater.«

Mutter trieb uns zur Eile an. Wenn sie schlechte Nachrichten hörte, war sie am liebsten mit uns zu Haus.

Großmutter wartete schon an der Küchentür. Sie strahlte und zeigte uns ein Stück Butter, länglich geformt, mit einem oben eingedrückten Blumenmuster.

»Unsere Freunde, unsere guten Freunde«, sagte sie immer wieder. Ein tschechischer Bauer war dagewesen. Er hatte von der Plünderei im Dorf gehört, und als er seiner Frau davon erzählte, hatte sie ihn gleich mit der Butter zu uns ins Dorf herunter geschickt.

»Ich bring euch wieder etwas, pani Wankowa, ich laß eure Familie nicht im Stich«, hat er gesagt.

Mutter schnitt das mitgebrachte Brot an, nachdem sie mit dem Messer ein kleines Kreuz darauf gezeichnet hatte, Großmutter strich die saftige Butter auf die Schnitten und gab jedem von uns eine in die Hand: »Eßt nur tüchtig, Kinder, ihr müßt jetzt stark und gesund bleiben.«

Rucksäcke für alle Fälle
Einschlafen mit Großmutter

»Für alle Fälle«, sagte Mutter, »werde ich euch Kindern Rucksäcke nähen.« Sie beschloß es am Abend, als wir alle um den Tisch herum in der Küche saßen. »Wenn wir wegmüssen, trägt jeder sein Gepäck am Rücken, das ist am leichtesten für euch.«

»Und viel dürfen wir sowieso nicht mitnehmen«, sagte Mariechen.

»Müssen wir denn weg?« fragte ich ängstlich und ungläubig zugleich.

»Wir wollen auf alle Fälle vorbereitet sein, wenn es sein muß. Und Stoff habe ich auch schon, ganz festen Matratzenstoff.«

Mutter stand auf und holte ihn vom Fenster. Er sah graublau aus, mir gefiel er gar nicht.

»Ich will aber schöneren Stoff haben, roten oder gelben«, sagte ich.

»Das ist nicht gut«, meinte Großmutter, »die Sachen auf der Flucht müssen so unauffällig wie möglich sein.«

»Ja, was zu groß ist oder zu kostbar aussieht, wird den Leuten gestohlen«, sagte Mariechen. Sie schaute in ihren offenen Bettkasten hinein: »Viel hab ich ja nicht, aber in einen Rucksack wird es trotzdem nicht passen.« Und dann sagte sie leise: »Wenn ich nur wüßte, ob meine Eltern schon flüchten mußten, oder wo sie sind. Ich gehe jedenfalls mit euch weg.«

»Ja, Mariechen kommt mit uns«, rief Christl. Sie umarmten sich beide, und Christl sagte zu ihr: »Du bist meine große Schwester.«

Nun beratschlagten wir über die Größe der Rucksäcke, Wolfgang sollte den kleinsten bekommen.

»Sie werden euch schon gefallen, und das Wichtigste ist ja, daß sie uns niemand wegnimmt.«

Mutter war sehr ruhig, als sie mit uns sprach. Nur Großmutter hörte ich immer wieder sagen: »Das werden sie uns doch nicht antun, sie können uns doch nicht einfach aus unserem Haus herausjagen, aus unserem Eigentum, das werden sie doch nicht tun.«

»Es ist doch nur für alle Fälle«, tröstete ich sie, »vielleicht brauchen wir die Rucksäcke gar nicht.«

Großmutter brachte uns Mädchen zu Bett. Jetzt sagte sie es selbst: »Noch sind wir zu Hause und haben es gut, aber für alle Fälle wollen wir vorbereitet sein.«

Großmutter schlief heute bei uns im Zimmer.

Wir brauchten nicht lange zu betteln, ich glaube sogar, sie war genauso froh wie wir, daß sie zum Einschlafen nicht allein war. Gleich wird sie die Haarnadeln aus ihrem Knoten ziehen, und das lange Haar wird über ihre Schultern fallen. Wir setzten uns zu ihr auf die Bettkante und sahen zu, wie sie sich kämmte.

Sie blickte dabei über ihre Schulter in einen ovalen Spiegel, mit einem Blick, den wir von Mariechen kannten, wenn sie sich im Spiegel prüfte, bevor sie ausging. Großmutter sah mit dem offenen Haar hübsch aus, fast wie eine fremde Frau, jedenfalls viel jünger. Während sie Strich für Strich das Haar kämmte, sagte sie: »Seht mal meine Runzeln, es sind schon viele da. Als ich nach Prausnitz kam, damals, da hatte ich noch ein junges Gesicht, blonde Haare so wie du, Liesl, und du, Christl«, sie strich über unser Haar. »Jetzt als alte Frau muß ich vielleicht Prausnitz wieder verlassen; wenn man nur in die Zukunft sehen könnte.«

Sie band ein Samtband ins Haar, legte ihr weißes Nachthemd an und kuschelte sich neben uns ins Bett.

Christl knipste die Lampe aus, und in der Dunkelheit wurde Großmutter wieder die uns vertraute Frau.

Großmutter erzählte uns noch das Märchen von Hänsel und Gretel, langsam und bedächtig. Und obwohl mir die Augen vor Müdigkeit schon zufielen, hielt ich mich wach. Ich wollte unbedingt den Schluß noch hören, den ich doch auswendig kannte: Und Hänsel und Gretel kehrten wieder heim zu ihrem Vaterhaus, sie zeigten Vater das Gold und die Edelsteine, die sie mitgebracht hatten, und lebten glücklich bis an ihr Ende.

»Siehst du, Großmutter, sie kommen auch wieder heim«, sagte ich, um sie zu trösten.

Russen kommen in das Dorf
Ein Soldat in der Küche
Noch mehr Pavelkas in der Welt

»Sieh mal den Ameisenzug, sie schleppen ihre Eier mit wie die Flüchtlinge ihre Bündel.«

»Das darfst du nicht sagen«, Christl wurde böse auf mich. »Ameisen sind Tiere, und die Flüchtlinge sind Menschen.«

»Ja, aber guck doch mal, sieht es nicht genauso aus?«

Ich blickte fasziniert auf die emsigen, zielbewußt dahinstrebenden Ameisen, die sich ihren Weg auf den sonnigen Steinen im Hof suchten und dann unter einem Holzstoß verschwanden. Dort unten schienen sie in Sicherheit. Am liebsten wäre ich auch ganz klein geworden und hätte nachgesehen, was die Ameisen da unten machen.

Plötzlich stand Mariechen neben uns und flüsterte aufgeregt: »Die Russen kommen, sie waren schon im Nachbardorf. Sie sind jetzt auf der Straße nach Prausnitz . «

Ich hatte noch nie Russen gesehen, aber daß es schlimm war, ihnen zu begegnen, das hatte ich von den Großen gehört. Ich wußte, daß die Russen ihr Land gegen die eindringenden Deutschen verteidigt hatten und sich jetzt rächen wollten.

»Versteckt euch, laßt euch nicht sehen, die Russen kommen«, sagte ich zu den unbeirrt weiterziehenden Ameisen.

»Kommt in die Küche«, Mariechen wurde energisch, »die anderen sind schon oben.«

Vor uns humpelte eine alte Frau mit tief ins Gesicht gezogenem Kopftuch die Treppe hinauf. Oben sah ich sie an.

»Lena«, rief ich, »du bist die Lena.«

»Still, Liese«, sagte sie. »Jetzt bin ich eine uralte Frau, und alten Frauen werden die Russen nichts tun.«

In der Küche saßen viele Frauen, alle sahen alt aus, auch Mutter mit langer Schürze und schwarzem Kopftuch.

»Beeilt euch«, sagte Mutter zu den anderen, »wir müssen fertig sein, wenn die Russen kommen.«

Erst jetzt sah ich, daß ein paar Frauen aufgeregt an einer roten Fahne zerrten. Sie trennten das schwarze Hakenkreuz heraus.

»Die Fahne muß wieder in die Fahnenstange am Fenster vor der Polizeistation. Die Tschechen sagen, die rote Fahne wird uns vor den Russen schützen. Rot ist ihre Siegesfarbe, die Farbe des Kommunismus. Aber das Hakenkreuz darf kein Russe sehen, das ist Hitlers Zeichen, und Hitler ist ihr Feind.«

Lenas Mutter hatte kaum zu Ende gesprochen, als im Hof laute Rufe und fremde Worte zu hören waren. Schnell wurde das Fahnentuch in die Schublade von Mariechens Bettkasten gestopft, halb hing das Hakenkreuz noch dran. Wenn das bloß kein Russe sah! Harte Stiefelschritte kamen die Treppe herauf. Die Frauen waren ganz blaß unter ihren schwarzen Tüchern geworden. Mutter zog uns drei Kinder nah zu sich. Wir waren alle still vor Angst. Eine Männerstimme rief vor unserer Küche, dann drückte jemand die Klinke. Die Tür öffnete sich einen Spalt, die Kette lag ja davor. Ein Stiefel trat gegen die Tür. Keiner von uns rührte sich, aber einer mußte doch die Tür aufmachen, sonst würde die Wut des Russen noch schlimmer.

»Bleibt sitzen, ich werde aufmachen«, sagte Großmutter leise, und laut, daß der Russe es draußen hören konnte, sagte sie in tschechischer Sprache: »Warte Soldat, ich komme.«

Sie hob die Kette. Ein Soldat kam herein, schob Großmutter zur Seite, stellte sich breitbeinig vor uns hin. Ich sah zuerst nur seine Stiefel. Sie blitzten schwarz. Ich sah an den Beinen hinauf, die Arme, die Hände, ich erschrak. Er hielt eine Maschinenpistole auf uns gerichtet. Das Gesicht – rot war es, bewegte sich nicht. Er starrte uns an, wir starrten ihn an. Es war unheimlich. Dann machte er eine Handbewegung zu den sitzenden Frauen hin, sie sollten sich alle zu uns an der Wand aufstellen Jetzt will er uns erschießen, ging es mir durch den Kopf.

Die Schritte der Frauen machten ein leises Geräusch, das Mutter benutzte, um Christl und mir zuzuflüstern: »Sagt ›dobrýden‹!« Ich brachte vor Angst das Wort nicht heraus. Christl schaffte es. »Dobrýden«, klang hell ihre Kinderstimme durch die Küche. Leise kam es dann auch von mir und dann auch von den anderen Frauen. Das Gesicht des Russen bewegte sich. Er ließ die Maschinenpistole sinken. Dann sagte er mit einer schnellen Handbewegung an seinen Hals »Hitler«, was wohl soviel bedeuten sollte, wie Hitler soll der Kopf abgeschnitten werden. Er spuckte auf den Küchenboden.

Mutter reagierte sofort: »Stalin dobri«, sagte sie laut. Der Russe verzog den Mund zu einem breiten Lachen, er strahlte: »Stalin dobri«, sagte auch er, dann schlug er die Hacken zusammen, grüßte und ging.

Wir hörten ihn die Holztreppe hinunterpoltern. Im Hof wurden Männerstimmen laut, ein Schuß schlug durch die Luft, dann nichts mehr von draußen.

Großmutter war es, die als erste das Wort fand: »Ich werd uns einen Fencheltee kochen, das beruhigt.«

Alle atmeten auf.

»Christl, du hast uns gerettet«, sagte jemand, und eine Frau umarmte Mutter.

»Jetzt muß aber schnell das Hakenkreuz weg, sonst gibt es noch böse Überraschungen.«

»Wer ist Stalin?« wollte ich von Mutter wissen.

»Die Russen lieben Stalin«, sagte sie, mehr bekam ich nicht zur Antwort. Ich wollte sie mir merken, die Worte, die das steinerne Gesicht des russischen Soldaten zum Strahlen brachten. ›Stalin dobri‹, wer weiß, vielleicht konnte ich sie noch einmal brauchen.

Lena machte die Ofentür auf und stopfte das schwarze, nun endlich herausgetrennte Hakenkreuz hinein. Mit Schwung stellte Großmutter den Teekessel auf die Herdplatte. »Wenigstens zum Teewärmen ist es nütze«, sagte sie.

Am nächsten Morgen kam Pavelka zu uns.

»So macht ihr es richtig«, sagte er. »Ihr dürft den durchziehenden Russen nicht zeigen, daß ihr Deutsche seid. Ihr könnt jedem Soldaten getrost sagen, ihr wärt Tschechen; keiner von uns wird euch verraten. Du, Fritzinko«, er klopfte Mutter liebevoll auf die Schulter, »du sprichst so gut wie eine Tschechin.«

»Gut«, meinte Mutter und fügte leise hinzu: »Wir gehören in Böhmen zusammen, Deutsche und Tschechen.«

»Und du, Liese«, Pavelka zog mich am Haar, »du mußt schneller tschechisch lernen.«

»Pavelka, warum mögen die Russen die Tschechen lieber als die Deutschen?« fragte ich ihn.

»Ob sie uns lieber mögen, weiß ich nicht, aber sie dürfen uns nichts tun, weil wir im Krieg nicht gegen sie gekämpft haben, weil Hitler auch unser Feind war.«

»Aber ich und alle hier im Haus, wir haben auch nicht gekämpft, und trotzdem wollte uns gestern der russische Soldat erschießen«, antwortete ich ihm.

»Ja, das ist jetzt schlimm nach dem Krieg, die Soldaten haben sich in den harten Kämpfen ans Schießen gewöhnt; sie glauben immer noch, jeder Deutsche ist ihr Feind.«

»Und ihr Tschechen erschießt auch die Deutschen im Wald, du weißt doch, Pavelka, den Josef und die anderen.«

Pavelka sah mich an, so als wüßte er nicht, was er mir darauf antworten sollte. Dann schüttelte er mich aufgeregt: »Du sagst immer: ihr Tschechen, die Russen, die Deutschen, ja, eigentlich tue ich das auch. Aber du weißt doch, daß ich niemals einen Deutschen erschießen würde, obwohl ich ein Tscheche bin. Ich würde auch nie einen Tschechen oder einen Russen erschießen, ich würde überhaupt keinen erschießen. Ich möchte jetzt, da der Krieg endlich aus ist, daß die Menschen alle im Frieden miteinander leben. Verstehst du das, Liese?«

Ich setzte mich auf Pavelkas Knie, Christl kam auch zu uns, so saßen wir eine ganze Weile, und niemand sagte etwas.

Wenn Pavelka da war, blieben alle in der Küche. Er war unser Bote, er brachte uns Nachricht von draußen, er brachte uns Eßwaren, sprach Mutter und Großmutter Mut zu, und zusammen schmiedeten wir Pläne.

Alle waren froh, daß er zu uns hielt, daß es ihn gab.

Als er sich verabschiedete, stand ich mit Großmutter unten an der Haustür. Ich hörte, wie sie sagte: »Wenn es doch in der Welt noch mehr Pavelkas gäbe!«

»Gibt es«, sagte er, »gibt es.«

Der russische Soldat in der Küche war nur der Anfang vom Einmarsch der Russen gewesen. Vereinzelt zogen vor den großen Kolonnen Partisanen und russische Soldaten durch die Dörfer und verbreiteten Angst unter den deutschen Frauen und Mädchen.

Dann kamen sie, die russischen Trupps, sie zogen im Marschschritt durchs Dorf, am Haus vorbei.

Mutter hatte uns streng verboten, draußen zu spielen, wenn sie im Dorf waren, wir durften uns überhaupt nicht vor ihnen blicken lassen. So kam es, daß wir Kinder uns mit Mariechen an manchen Tagen in den Pferdeställen versteckten, wenn wir nicht rechtzeitig gewarnt wurden. Dann hockten wir hinter dem Gerümpel und lauschten ängstlich auf jedes Geräusch. Mutter aber entschied bald, daß wir immer in ihrer Nähe bleiben sollten. So wären wir alle am sichersten.

Die Jahrmarktswiese wurde Lagerplatz. Die russischen Soldaten stellten Zelte auf. Abends brannte ein großes Feuer, und schöne traurige Lieder klangen zu uns herüber. Ich saß mit Christl am Fenster; die Füße unterm Nachthemd versteckt, sahen wir hinüber und hörten zu. Sie sangen so wehmütig schön, daß wir keine Angst mehr vor ihnen hatten. Ja, die Angst wich sogar einer großen Neugierde. Wenn Großmutter ins Zimmer kam, huschten wir schnell unter die Betten. Sie schlief jetzt immer bei uns, dann fühlten wir uns sicher.

Der Kommandant der russischen Truppe sorgte für Ordnung. Er ließ nicht zu, daß seine Leute plünderten oder Frauen überfielen. Es wurde auch nicht geschossen. Der Kommandant hieß Oleg.

Ich weiß den Namen so genau, weil Oleg sich bei uns

vorstellte Er kam auf die tschechische Polizeistation und verhandelte wegen dem Lagerplatz mit dem Polizisten. Auf diese Weise traf er Mutter im Haus. Sie gab sich zuerst als Tschechin aus. Aber Oleg merkte, daß sie Angst hatte, und er kam bald darauf, daß sie und wir Deutsche waren. Tschechinnen hatten ja vor Russen keine Angst.

Wir hatten Glück, großes Glück. Oleg sprach fließend deutsch, er hatte in der Schule in Rußland Deutsch gelernt. Oleg kam nicht als Feind zu uns, er wollte unser Freund sein. Er erzählte von seiner Mutter zu Hause in Rußland und daß er hofft, daß sie auch beschützt wird. Oleg hatte Medizin studiert, bevor er in den Krieg mußte.

»Ich wäre lieber Arzt als Kommandant«, sagte er. Mutter sagte ihm, daß die Frauen im Dorf Angst hätten vor tschechischen und russischen Soldaten, die nachts in die Häuser kämen. Sie sagte ihm auch, daß die Soldaten oft plünderten und den Leuten das Vieh aus dem Stall holten. Oleg hörte sich alles an, dann sagte er: »Ich will Ordnung bei meinen Leuten haben und euch helfen, so gut ich kann.«

Er half uns. Zuerst schrieb er auf einen Zettel in russischer und tschechischer Sprache, daß in diesem Haus der Kommandant wohne, stempelte ihn und machte ein Siegel darauf, dann klebte er ihn an die Haustür. »So kommen keine Soldaten herein, sie haben Respekt vor mir. «

Bei uns im Haus waren die Frauen sicher, sie kamen, wenn sie Angst in ihren einsamen Häusern am Wald hatten, und blieben bei uns über Nacht.

Oleg kam oft zu uns. Er liebte uns Kinder und war wie ein großer Bruder. Wir ritten auf seinem Rücken durchs Zimmer und spielten mit ihm Ball. Manchmal machte er mit uns die Vertrauensprobe. Dann hob er Wolfgang auf die Arme und hielt ihn aus dem Fenster. Zuerst schrien Christl und ich laut vor Angst um unseren Bruder. Oleg setzte ihn im Zimmer wieder ab und sagte ernst: »Oleg ist gut, ich tu Wolfgang nichts Böses, ich lasse ihn nicht fallen, ihr müßt mir vertrauen.« Es war schwer, jedesmal, wenn er es wieder tat, gaben wir uns Mühe, keine Angst um unseren Bruder zu haben, wir schrien nicht mehr so laut, doch ganz trauten wir Oleg dabei doch nicht.

Am schönsten war es, wenn er uns Märchen erzählte, er kannte die deutschen Märchen auswendig. Wie staunten wir, als er uns ›Rotkäppchen‹ und das Märchen vom ›Froschkönig‹ erzählte. Dann saßen wir auf seinen Knien und waren glücklich, daß er da war, er, der Russe. Unser Vertrauen zu ihm wuchs, aber er blieb noch vorsichtig, er vertraute den deutschen Leuten im Haus noch nicht ganz.

Wir Kinder konnten ihn einmal überreden, uns in den Wald zu begleiten. Wir kannten dort eine Lichtung, die jetzt übersät von Walderdbeeren sein mußte. Allein hätten wir Deutschen nie in den Wald gehen dürfen, aber mit Oleg war es möglich. Während wir pflückten, hielt er mit geladenem Revolver Wache.

Glücklich wieder zu Haus, leerten wir die vollgepflückten Blechkännchen in eine Schüssel, und Großmutter machte mit Milch, Zucker und Haferflocken ein duftendes Müsli daraus.

Oleg hatte noch nie mit uns gegessen. Er saß auch jetzt wieder vor seiner Schüssel und rührte nichts an. Wir ermunterten ihn, doch zu essen. Er schüttelte den Kopf. Er lächelte nicht, machte auch keine Späße mit uns, er blieb ganz ernst.

Mutter sagte: »Oleg, du warst beim Pflücken dabei, du hast gesehen, wie Großmutter das Müsli machte, es ist nichts Giftiges dabei. Iß doch.« Oleg kostete, es schmeckte ihm, er löffelte die Schüssel leer und lächelte. Unter seinen Brillenrändern kamen Tränen hervor.

»Oleg, du weinst«, sagte ich.

»Ihr seid meine Freunde«, gab er zurück.

Was mußte er schon Böses erlebt haben? Warum dieses Mißtrauen, obwohl er uns doch kannte? Haben ihm die anderen Russen so viel Angst vor den Deutschen gemacht, wie wir Angst vor den Russen hatten?

Mutter unternimmt eine gefährliche Reise
Gerüchte
Was nun?

Eines Morgens verabschiedete sich Mutter von uns. Sie sah hübsch aus. Sie trug eine rote Strickjacke über einer weißen Bluse, das stand ihr gut. Die weiße Armbinde mit dem Wort: Nemetzki, das bedeutete: Deutsche, die sie sonst tragen mußte, wenn sie durchs Dorf ging, hatte sie nicht am Arm.

»Ich muß nach Trautenau, Vatis Kanzlei einem tschechischen Rechtsanwalt übergeben. Heut Abend bin ich wieder bei euch.«

Mutter drückte uns aber so fest und so lange an sich, als ob es ein Abschied für länger würde.

Wir wußten, in Trautenau, einer Stadt am Rande des Riesengebirges, hatte Vater sein Rechtsanwaltsbüro. Dort hatte er zusammen mit Mutter gearbeitet, bevor der Krieg ausbrach. Am Marktplatz, in einem Haus mit einem steinernen Laubengang, gegenüber der Pestsäule war das Büro, die Kanzlei, wie Mutter sagte. Früher nahm sie uns oft mit, und wir spielten so gern am Platz vor dem Haus. Aber heute wollte sie allein fahren.

»Niemand von euch Kindern darf mit, es ist zu gefährlich.«

Großmutter rief ihr noch auf der Treppe nach: »Und vergiß nicht, ein lustiges Gesicht zu machen. Wenn du als Tschechin verreisen willst, mußt du fröhlich aussehen, weil die Deutschen besiegt sind!«

Mutter fuhr mit dem Bus ab.

»Wieso ist es so gefährlich?« fragte Christl.

Großmutter zog uns in die Küche: »Die Deutschen dürfen jetzt nicht mehr aus ihren Wohngebieten weg, jeder muß in seinem Dorf bleiben. Wenn jemand woanders erwischt wird, Gott weiß, was dann mit ihm geschieht. Hoffentlich geht alles gut.«

Abends wollte Mutter wieder zurück sein.

Als der Abend kam, war sie nicht da. Wir Kinder wurden ins Bett geschickt. Es wurde dämmrig. Christl lief nochmal barfuß in die Küche. Sie kam aufgeregt wieder.

»Großmutter sitzt ganz still am Tisch. Mariechen sagt immer: ›Wenn sie nur käme!‹ Wenn es dunkel wird, müssen alle Deutschen im Haus sein, das ist Befehl der Regierung.«

Wir konnten nicht einschlafen. Endlich hörten wir die Haustür gehen. Wir stürzten in die Küche, Mutter war zurückgekommen. Sie setzte sich und zog die rote Jacke aus. Sie hatte doch heute früh eine weiße Bluse angehabt? Rote Streifen zogen sich nun, aus den Achselhöhlen kommend, längs und quer über die Bluse.

»Mein Gott, wie siehst du denn aus«, entfuhr es Großmutter.

»Ich habe so furchtbar geschwitzt, vor Angst und auch, weil ich so laufen mußte.«

Mutter war durch und durch naßgeschwitzt.

»Es ist alles gut, geht schlafen, Kinder, morgen erzähl ich euch alles.«

Wir fragten nicht mehr, ob wir doch noch in der Küche bleiben dürften, wir gingen zu Bett, krochen unter die Bettdecke und redeten nicht mehr.

Am nächsten Morgen erzählte uns Mutter, wie sie gut in Trautenau angekommen war, und, obwohl ihr zum Heulen gewesen sei, sie immer fröhlich geschaut habe, damit die Leute ihr nur ja nicht ansehen, daß sie Deutsche ist, wie ihr dann, als sie dem Tschechen die Schlüssel und wichtige Dokumente aus Vaters Kanzlei gegeben hatte, doch die Tränen gekommen waren, wie dann der tschechische Anwalt in Vaters Kanzlei herumgegangen ist, so als ob ihm alles gehöre, und dabei hat sie doch mit Vater alles eingerichtet und dort immer gearbeitet, wie sie dann schnell weggegangen ist, weil daran ja doch nichts mehr zu ändern war, weil die Tschechen jetzt Herren im Lande waren. So sehr sie auch die Tränen unterdrückte, am Bahnhof mußte sie wieder weinen.

Wie ein Schaffner zu ihr gekommen ist und sie auf tschechisch angesprochen hat: »Mädchen, sag, warum weinst du so?«

Wie sie ihm alles erzählt hat, obwohl sie eigentlich nicht durfte. Wie er traurig fortging und sie nicht angezeigt hat.

Wie der Zug nicht die ganze Strecke zurückfuhr und sie laufen mußte.

Wie ein deutscher Arbeiter sie auf seinem Fahrrad mitgenommen hat, wie sie immer herunterspringen mußte, wenn ein tschechisches Soldatenauto kam, wie sie den Soldaten zuwinken mußte, wenn sie ihr zuriefen: »Mädchen, wir haben gesiegt.«

Wie sie dann allein weitergehen mußte, als der Arbeiter nicht aus seinem Sperrbezirk herausfahren durfte, wie sie an einem Gasthaus vorbeikam, das von Russen niedergebrannt worden war, wie es dämmrig geworden war und wie sie Angst bekommen hat.

Wie sie in einem einsamen Haus die Leute gefragt hat, ob sie die Nacht dableiben könne, wie die Leute sie weitergeschickt haben, weil sie keine Deutschen beherbergen durften, wie Mutter sich entschloß, einen abgelegenen Feldweg, der parallel zur Straße verlief, zu gehen, weil sie Angst vor den Soldatenautos hatte, wie sie den ihr von vielen Spaziergängen so vertrauten Feldweg voller Angst mal gegangen, dann wieder gelaufen und von Gebüsch zu Gebüsch gehüpft ist, weil ein Motorradfahrer sie von der Straße her bemerkt hatte, hin- und herfuhr und die Scheinwerfer auf sie richtete. Wie sie dann endlich unseren Wohnbezirk erreicht und keine Angst mehr hatte, weil unsere tschechische Polizei sie gut kannte. Wie sie unser Haus sah und wie sie froh war, als sie wieder da war.

Mutter erzählte alles so genau, und wir durchlebten diesen Weg oft und oft mit ihr, weil wir es immer wieder hören wollten.

Oleg und seine Truppen mußten weiterziehen. Wir waren traurig, er, glaube ich, auch. Er sagte: »Ich möchte euch helfen, aber jetzt geht es nicht mehr. Nicht alle Deutschen sind die Feinde der Russen, ihr seid gut. Wünsch mir Glück, Mutter.«

Es war ein herzlicher Abschied. Der Lagerplatz wurde geräumt, es gab kein Lagerfeuer mehr, keine wehmütigen Lieder. Die Russen marschierten weiter.

Gut, daß Pavelka noch da war. Er wenigstens würde nicht weiterziehen. Er und die anderen tschechischen Bauern, die unsere Familie seit langem kannten, versorgten uns weiter mit Lebensmitteln und halfen Mutter und Großmutter, wenn sie in Not waren. Nur bei einer Sache, ja, bei der wichtigsten Sache, konnte uns niemand helfen. Sie waren selbst hilflos und wußten nicht, was zu tun war. Es hieß, die Deutschen müßten aus dem Sudetenland, das jetzt Tschechoslowakei hieß, heraus, sie müßten nach Deutschland.

Es hieß, in manchen Gegenden seien die Deutschen bereits ausgewiesen worden. Es hieß, die Deutschen kommen in Arbeitslager. Es hieß, die Deutschen dürfen nichts mitnehmen, nur das Bündel, das sie tragen können. Es hieß, Benesch, der tschechische Staatspräsident, habe befohlen, alle Deutschen aus der Tschechoslowakei auszuweisen, ihnen die Häuser, Gärten, Felder, Tiere und alle Sachen wegzunehmen.

Mutter und Großmutter glaubten die Gerüchte zuerst nicht. Zuviel wurde in der letzten Zeit schon geredet, zuviel Angst wurde den Leuten gemacht. Auch die Polizisten von der Station im Haus wußten noch nichts Bestimmtes.

Mutter sah immer wieder zu den Rucksäcken, sie standen schon lange gepackt im Wohnzimmer, sie prüfte immer wieder nach, ob sie auch das Wichtigste und das Richtige eingepackt habe.

Dann plötzlich kam der Befehl: Alle deutschen Staatsbürger sollen innerhalb von zwei Tagen Prausnitz verlassen.

Noch einmal zum Friedhof
Niemand weiß wohin
Ossi fährt fort

Großmutter ging mit uns Kindern zum Friedhof, vorbei an der Jahrmarktswiese, das Gras war braun und lag niedergetreten am Boden, wohl von der langen Lagerzeit der Russen. Wir liefen den Schlittenweg hinauf, auf dem jetzt Sommersonne lag, in der Kieselsteine glitzerten bis hin zum eisernen Tor in der Friedhofsmauer.

Am Friedhof waren einige Leute, sie standen oder knieten vor den Gräbern, manche hörten wir leise weinen.

»Sie nehmen Abschied von ihren Toten«, sagte Großmutter, »und wir wollen auch Abschied nehmen.«

Sie führte uns zur Familiengruft, ein breites Grab, das mit einer dicken schwarzen Marmorplatte bedeckt war.

»Hier bei meinen Lieben wollte ich auch einmal begraben werden.« Großmutter zündete ein Windlicht an, und wir lasen gemeinsam die Namen der Verstorbenen unserer Familie, die in einen schwarzgrauen Stein an der Rückseite des Grabes eingemeißelt waren.

Lange durften wir nicht bleiben, wir durften auch nicht wie sonst zwischen den Reihen der Gräber herumgehen und uns die Fotos und Marmor-Engelchen ansehen. Schon bald mußten wir wieder zurückgehen. Großmutter nahm uns mit in die Kirche. Auch dort knieten Prausnitzer Frauen, sie beteten und weinten. Großmutter betete das Vaterunser und endete damit: »Und laß uns wieder heimkommen.«

Draußen vor der Tür trafen wir die Wagnerin, die Bäuerin vom Obsthang. »Wer wird das Korn ernten? Die Wiese muß doch gemäht werden – und das Vieh – wer wird die Kühe melken? Niemand wird den

Stall ausmisten, alles wird verkommen.« Und zu uns Kindern sagte sie: »Ja, und das viele Obst, ich weiß noch, wie die Mädchen im Herbst beim Pflücken geholfen haben. Diesmal wird wohl alles hängenbleiben, die Tschechen hier haben doch alle selbst ihr Obst.«

»Ich kann es immer noch nicht richtig begreifen, ich glaube bestimmt, wir kommen wieder zurück. Wir gehören doch hierher, das ist doch unsere Erde, so ein Unrecht dürfen die Tschechen nicht auf sich laden«, meinte Großmutter.

»Da gibt's nicht viel Hoffnung, habt ihr etwa nicht gehört, daß die Tschechoslowakei von den Deutschen gesäubert werden und alles hier rein tschechisches Land werden soll?« Die Wagnerin hatte die letzten Worte geflüstert, wie ein Geheimnis, obwohl doch niemand außer uns am Platz zu sehen war.

»Behüt dich Gott«, sagte Großmutter.

»Behüt euch Gott«, sagte die Wagnerin.

Als wir wieder im Haus waren, hörten wir von Mutter: »Wir sind übermorgen dran, übermorgen müssen wir weg.«

»Der erste Treck für morgen ist schon zusammengestellt, er fährt hier vor unserem Haus ab.«

Früh am anderen Morgen wachten Christl und ich auf, die Sonne schien hell durch die Gardinen, aber es war ein Geräusch, das uns geweckt hatte. Wir sahen zum Fenster hinaus. Große Leiterwagen mit eingespannten Pferden standen vor dem Haus. Auf den Kutschböcken saßen meist alte Männer, sie knallten mit der Peitsche; einige Wagen setzten sich bereits in Bewegung und fuhren los, Richtung Mastik.

Da, vorn auf dem einen Wagen, saß Ossi; er sah uns nicht hinter dem Fenster, er hielt seinen kleinen Bruder auf dem Schoß, der fast noch ein Baby war. Seine Mutter und seine Großmutter saßen auch auf dem Wagen, sie hielten die kleinen Schwestern im Arm.

»Schnell, wir müssen runter, sonst sind sie alle weg«, sagte Christl.

Erst jetzt begriff ich richtig, was los war, so als hätte jemand einen Schleier fortgezogen. ›... sonst sind sie alle weg!‹

Hastig zogen wir uns an, viel war es nicht, es war ja Sommer. Wir klapperten mit unseren Holzschuhen die Treppe hinunter, schnell, als könnten wir noch jemanden einfangen, zurückhalten, festhalten, damit er nicht wegmußte, als sei es ein Fangspiel. Ich lief zur Straße: »Ossi, Ossi«, rief ich so laut ich konnte.

»Sie sind weg«, sagte eine Frau zu mir, ich kannte sie nicht.

»Wohin sind sie denn gefahren ?« fragte ich sie.

»Zum Bahnhof, und weiter wissen wir alle nicht.«

Der Wagen, auf dem ich Ossi gesehen habe, verschwand hinter der Biegung am Wald.

Auch Ossi, der stärkste unter den Kindern, mußte mit, auch er konnte nichts dagegen tun, dann werden wir morgen auch fort müssen, soviel war mir auf einmal klar.

Mutter brachte ein weinendes Mädchen zu mir: »Du, Liese, sieh nur, wie traurig es ist, es mußte heute so schnell aus seinem Haus, daß es seine Puppe nicht mehr mitnehmen konnte. Bringst du ihm eine von dir?«

Ich lief nach oben.

»Mach schnell«, rief Mutter mir nach.

Ich beeilte mich, stand aber ratlos vor meinen Puppen. Ich nahm die Minka mit den schwarzen Zöpfen, ich mochte sie am liebsten. Als ich sie dem Mädchen geben wollte, fing es wieder an zu weinen. Seine Mutter sagte: »Weißt, ihre Lotti hatte blonde Zöpfe, aber sie wird sich schon an deine Puppe gewöhnen.«

»Sie muß aber meine Minka liebhaben, sonst geb ich sie nicht her«, sagte ich, und die Mutter erwiderte: »Wird sie schon, aber jetzt müssen wir schnell zum Wagen, sie rufen schon nach uns.«

Ein tschechischer Polizist trat auf die Frau zu und las

ihren Namen von einem Zettel ab. Sie sagte »ja, ja«, und zog das Mädchen fort zum vorderen Pferdewagen. Der setzte sich schon in Bewegung, als sie noch hinaufkletterten. Ich sah noch, wie das Mädchen oben Minka in die Hand nahm.

Meine Minka fuhr fort.

Weinen, Abschiedsworte, Umarmen, ich weiß nicht mehr, wie viele es waren. Mutter schenkte aus einem Kübel Himbeersaft aus. Die Leute tranken dauernd – je mehr es auf Mittag zuging, desto heißer brannte die Sonne. Alle hatten Durst.

Bald holte uns Großmutter hinauf zum Mittagessen. Es gab Milchsuppe mit Kümmel, sie schmeckte leicht säuerlich, und wir aßen mit unsagbarem Appetit.

»Wer weiß, wo wir morgen sind, und ob wir morgen so etwas Gutes bekommen«, meinte Großmutter; und sie schöpfte uns immer wieder nach.

Was nehmen wir mit, und was lassen wir da?
Der letzte Abend zu Hause
Ein langes Stück Geschichte endet so

Nach dem Essen waren die anderen noch in der Küche beschäftigt. So ging ich ins Zimmer zu den gepackten Rucksäcken, legte mich vor sie auf den Teppich und sah sie an.

Ich wußte, daß Mutter Wäsche und Strümpfe für uns dort eingepackt hatte, daß für jeden eine Decke darin war. Aber war das auch genug? Was, wenn es morgen regnete, für Regenzeug war kein Platz mehr im Rucksack. Die schlesischen Flüchtlinge waren manchmal mit Planwagen bei uns vorbeigefahren, aber damals war es Winter. Solch eine Plane hatte auch nicht jeder. Und wo sollten wir schlafen, wo essen, in welches Haus sollten wir gehen, wenn es kalt wurde? Ich fand keine Antwort.

Ich bekam ein drückendes Gefühl in den Bauch, und mir war sehr einsam zumute. Plötzlich fiel mir das kleine Mädchen von heute früh wieder ein. Ich mußte an Minka denken, die das Mädchen nicht haben wollte, weil es nicht Lotti war. In der Puppenecke am Fenster saßen meine Puppen, alle hübsch angezogen und sahen mich mit ihren Puppenaugen lächelnd an.

»Ich kann euch nicht alle mitnehmen, wo soll ich euch hinstecken? Ihr seht doch, der Rucksack ist voll, und unsere Hände müssen frei sein, hat Mutter gesagt.«

Natürlich bekam ich keine Antwort, nur die gleichen lächelnden Gesichter sahen mich weiter unverwandt an.

»Ihr könnt hier warten, vielleicht kommen wir ja wieder zurück, und dich, Katinka, nehme ich mit.«

Ich entschied mich für Katinka, weil die Farbe in ihrem Gesicht schon etwas abgeschabt war und sie darum nicht mehr so wertvoll aussah. Denn Wertvolles, das hatte ich gehört, durfte man nicht mitnehmen, das wurde den Deutschen von den tschechischen Soldaten abgenommen.

Mutter kam herein. »Hier bist du, Liese, wir haben dich schon gesucht. Großmutter will jetzt doch die Fotos dalassen und dafür lieber etwas mehr zu essen mitnehmen.«

Mutter sprach es mit Erleichterung aus. Großmutter folgte ihr mit ihrer braunen Handtasche. Noch gestern hatte sie uns davon überzeugt, daß es wichtig sei, später in der Fremde die Fotos als Dokumente für die Zeit in Prausnitz zu haben. Nun zog sie den dicken Packen wieder heraus, legte aber zwei oder drei Fotos zurück in die Tasche. Der freigewordene Platz reichte aus für ein Säckchen Traubenzucker. Während sie es verstaute, meinte sie: »Das ist Nervennahrung, und die werden wir brauchen.« Und dabei blieb es.

»Und das Federbett«, fing Mutter wieder an, »willst du es wirklich mitnehmen?«

»Ja, denk doch, wenn jemand krank wird.«

Auch dabei blieb es jetzt.

Inzwischen waren Christl und Mariechen mit Wolfgang auf dem Arm hereingekommen.

»Wenn wir nur das Haus mitnehmen könnten, das ganze Haus, mit allen Zimmern und dem Keller und mit der Küche und mit meinem Bett«, sagte ich.

»Ja, das wäre toll, es müßte heute nacht wegfliegen und auf einer schönen Wiese stehenbleiben.« Christl war ganz begeistert.

»So was gibts nur im Märchen, aber das hier ist Wirklichkeit, morgen müssen wir fort, und das Haus bleibt hier zurück. Nur wenn Benesch seinen Befehl zurücknähme, könnte sich noch etwas ändern. Aber an ein solches Wunder glaubt hier keiner mehr.«

Während Mutter das sagte, holte sie aus hellem Stoff genähte kleine Brustbeutel aus einer Schublade, für jeden einen. Wir hängten sie zur Probe um und sahen hinein. Etwas Geld lag darin und für jeden ein Schildchen, auf dem der Namen, das Geburtsdatum und die Adresse stand.

»Den Brustbeutel müßt ihr immer umlassen, damit ihr nie verlorengeht«, Mutter sammelte sie wieder ein und legte sie zu den Rucksäcken. Mariechen schob noch Wolfgangs Kinderwagen herein, er sollte auch mit. So hatte er wenigstens immer ein Bett.

Wir durften heute nicht mehr hinausgehen und auf dem Hof spielen, Mutter war alles zu unsicher.

Ich fragte Christl: »Wieso kann ich nicht verlorengehen, wenn ich den Brustbeutel umhabe?«

»Bist du aber blöd«, gab sie mir zur Antwort, »da sieht doch jeder, wer du bist und wo du herkommst.«

Vielleicht schickt mich der, der mich findet, wieder zurück nach Prausnitz, dachte ich, aber laut sagte ich es nicht, vielleicht war es wieder blöd. Zum Glück kam etwas später noch Pavelka.

Pavelka sah sich auch noch einmal unser Gepäck an, und weil wir alle so fragend um die Rucksäcke herumstanden und ihn so unglücklich ansahen, mußte er sich die Nase reiben und mit einem großen Taschentuch schneuzen. Er sagte: »So endet ein langes Stück Geschichte.«

»Welche Geschichte«, fragte ich ihn, »erzähl sie uns, bitte.« Ein erzählender Pavelka hatte für mich etwas Beruhigendes, dann konnte ich meine Angst vergessen. In diesem Augenblick wünschte ich mir nichts sehnlicher, als auf seinen Knien zu sitzen und zuzuhören.

Mutter, Großmutter und Mariechen wollten sich nicht hinsetzen, sie liefen noch durch die Räume, durchs Haus, sie waren viel zu aufgeregt.

Pavelka nahm ein Blatt Papier und einen Bleistift vom Schreibtisch.

»Kommt an den Tisch, ich will es euch erzählen. Die Kinder sollen es hören, heute, am letzten Tag zu Hause. Und ich, euer tschechischer Pavelka, tu das, damit euch später niemand sagen kann, das haben sich die Deutschen nur so ausgedacht.«

Erwartungsvoll setzte ich mich mit Christl zu ihm. Bevor er begann, suchte er etwas in der Hosentasche. Wir warteten gespannt, vielleicht war es eine Fundsache oder der Anfang der Geschichte?

Es war ein rötlich-weißes Quarzsteinchen, das er herausholte und in das Licht hielt. »Was ist das?« fragte er uns. »Ein Edelstein«, sagte ich schnell, denn es glitzerte wunderschön im Schein der Abendsonne, die durchs Küchenfenster fiel.

»Hier, nimm ihn, deinen Edelstein, es ist ein kleiner Quarzstein vom Feldrand hinter eurem Haus. Und denk daran, das ist ein Stein aus dem Boden, den Deutsche und Tschechen gemeinsam fruchtbar gemacht haben, in mehr als sechs Jahrhunderten.«

Ich nahm das Steinchen in meine schwitzenden Hände und ließ es erst wieder los, als Pavelka mit dem Erzählen zu Ende war.

»Ihr wißt ja, dieses Land, aus dem ihr morgen hinausmüßt, wird von Tschechen, Slowaken und Deutschen gemeinsam bewohnt. Das ist schon lange so, aber es war nicht immer so.«

Jetzt nahm Pavelka den Bleistift und zeichnete ein in die Breite gezogenes und auf die Spitze gestelltes Viereck auf das Papier.

»So ungefähr müßt ihr euch das Land vorstellen.« Er machte ein Kreuzchen in die obere Hälfte des Vierecks. »Das könnte Prausnitz sein, aber das gab es damals noch nicht. Denkt euch jetzt in eine Zeit zurück, nur wenige Jahrhunderte nach Christi Geburt. Ihr wißt, ringsherum ist Gebirge, das Land ist von Wald, viel Wald bedeckt, und große Flüsse zerschneiden die Täler. Die Vorfahren von uns Tschechen und Slowaken durchziehen das Land und suchen sich einen guten Platz zum Wohnen aus.

Es sind viele Familien, ja, ganze Sippen, sie kommen aus dem Osten. Es werden immer mehr. Am besten gefällt es ihnen in den Tälern, nah bei den Flüssen, da gibt es Fisch, da gibt es Weiden für das Vieh, und der Boden ist fruchtbar. «

Pavelka zeichnete Kreise in der Mitte des aufgezeichneten Landes.

»Niemand vertreibt die Leute, weil viel Platz da ist und wenig Menschen in dem Gebiet leben. Die Tschechen werden der mächtigste Stamm im Land. Sie haben im Laufe der Geschichte Herzöge und Könige gestellt. Die Herzöge und Könige wollten gern, daß mehr Menschen in Böhmen lebten, sie brauchten Arbeiter, die das Holz in den Gebirgswäldern rodeten und die Silbererze aus den Gebirgen herausholten. König Ottokar I. und Ottokar II., die im 12. und 13. Jahrhundert lebten, riefen darum die Deutschen aus den umliegenden Gegenden.

Sie versprachen ihnen Boden, Freiheit und Recht dafür, daß sie kommen sollten, um im Land zu arbeiten. Und viele Deutsche kamen, junge, unternehmungslustige Männer und Frauen und ganze Familien. Sie kamen gewandert oder auf Karren und Planwagen. Sie stammten aus Bayern, Thüringen und dem Frankenland, ja, sogar aus Tirol kamen sie.«

Inzwischen hatte sich Großmutter zu uns gesetzt, ich sah, wie ihre Hände zitterten.

»Bleib bei uns, Maria«, sagte Pavelka, dann fuhr er fort: »Die Deutschen waren willkommene Leute. Sie besiedelten die Gegenden, die von den Slawen nicht bewohnt waren. Sie rodeten den Wald, gruben nach Silbererzen und legten Dörfer und Städte an. Und was brachten sie mit? Nicht nur ihre Arbeitskraft, sie brachten auch ihre Erfindungen mit, die die Slawen noch nicht kannten. Sie konnten schon Wassermühlen bauen, die nicht nur Getreide mahlten, sondern die auch Bretter aus den Holzstämmen schneiden konnten. Ja, das war gut für alle. Auch die Dreifelderwirtschaft haben die deutschen Siedler mitgebracht«, sagte er, »aber das ist für euch noch zu schwierig zu verstehen«, meinte er, während er Christl übers Haar strich.

Mutter und Mariechen waren zu uns gekommen, sie stellten sich ans Fenster. Pavelka hatte eine kleine Pause gemacht, er sah zu Mutter hinüber, »ich bin noch nicht fertig, hört weiter zu. Da waren sie nun, die Deutschen«, sagte er.

»Und jetzt könnte man meinen, alles wäre gut, die Slawen freuen sich über die Deutschen, und die Deutschen sind froh, daß sie glücklich und in Freiheit leben und arbeiten können. Es ging auch ungefähr drei Jahrhunderte gut, ja unter Kaiser Karl IV. gab es Reichtum und Frieden im Land. Aber in den späteren Jahrhunderten gab es zwischen den Völkern Spannungen, die sich in den letzten Jahrhunderten immer mehr verschärften. Aber trotz der Spannungen schufen sie zusammen in über sechshundert Jahren ein blühendes Kulturland. Ja, und heute?«

Pavelka machte eine Pause.

»Heute haben die Tschechen die Macht, und sie haben keine bessere Idee, als euch aus unserem gemeinsamen Haus herauszujagen. Das ist ein Unrecht.«

Pavelka schlug mit der Faust auf den Tisch. Er, der sonst immer friedlich war, den ich nie böse gesehen hatte, er wiederholte es sogar noch einmal: »Das ist ein Unrecht.«

Mutter sagte: »Das ist eine Lektion Geschichte, die die Kinder erst später begreifen werden, sie sollen jetzt lieber zu Bett gehen, damit sie morgen gut ausgeschlafen haben.«

Es war wirklich Abend geworden, und wir gingen zu Bett, nachdem Pavelka uns versprochen hatte, morgen bei der Abfahrt noch zu winken.

Den kleinen Stein steckte ich noch schnell in meinen Brustbeutel, der auf meinem Rucksack lag. Soviel hatte ich schon verstanden, daß er ein Stein von der Erde war, von der Prausnitzer Erde, die lange, lange von Deutschen und Tschechen gemeinsam bebaut worden war. Ich wollte ihn mitnehmen. Wohin?

Mit fort.

Als wir in den Betten lagen, hörten wir die Erwachsenen noch lange miteinander reden.

Ausgewiesen um 10 Uhr
Fuhrwerke
Ich sehe das Haus nicht mehr

Mutter weckte Christl und mich. Ich wollte einfach nicht hinhören, mich unter der Bettdecke verkriechen, weiterschlafen. Aber es ging nicht.

»Macht euch fertig, Kinder, um zehn Uhr müssen wir das Haus verlassen haben.«

»Es ist jetzt acht, dann haben wir ja noch zwei Stunden Zeit«, sagte Christl.

Schnell stand ich auf und zog die von Mutter zurechtgelegten Sachen an. Obwohl es heißer Sommer war, durfte ich nicht in meine Holzsandalen schlüpfen, sondern mußte die ledernen hohen Schnürschuhe anziehen. Auch mein Mantel lag bereit.

Wir liefen in die Küche. Großmutter bürstete mir immer das Haar, bevor es zu Zöpfen geflochten und dann zu einem Kranz auf dem Kopf gesteckt wurde. Heute machte sie nicht wie sonst hundert Bürstenstriche, es ging alles viel hastiger. Großmutter war sehr aufgeregt.

Nach dem Frühstück packte sie noch einen kleinen Topf, ein paar Gabeln, Löffel und zwei Teller in eine braune Ledertasche. Dorthinein verstaute sie auch ein paar Butterbrote, eine Flasche Himbeersaft und einen Becher.

»Wir brauchen doch viel mehr Geschirr«, sagte ich zu ihr, aber Großmutter schüttelte den Kopf: »Mehr als das Nötigste können wir nicht tragen, und in der Fremde wird es doch auch Teller geben.«

Wie sie das sagte: in der Fremde!

Draußen vor dem Haus sammelten sich schon die Menschen mit ihren Bündeln, Koffern und Taschen. Manche waren schon weit gelaufen, aus den oberen Häusern kamen sie und aus den Häusern am Waldrand. Sie saßen müde am Straßenrand. Ich sah viele fremde Gesichter, aber dazwischen immer wieder ein bekanntes, und ich staunte, daß es so viele Leute in Prausnitz gab. Männer waren kaum zu sehen, die meisten waren aus dem Krieg noch nicht nach Haus gekommen, wie ja auch Vater.

Frauen, Kinder und alte Leute standen da oder saßen auf ihren Bündeln, Großmütter und Großväter standen herum, oft auf einen Stock gestützt.

»Wir können noch warten, bis die Fuhrwerke da sind«, sagte Mutter. Wir standen alle am Fenster. Gerade sahen wir, wie ein tschechischer Soldat mit dem Gewehr auf der Schulter mit schnellen Schritten zu einer kleinen Menschengruppe ging.

»Was ist da bloß los?« fragte Christl. Laute Stimmen drangen hoch. Dann konnten wir es erkennen.

Der Soldat hielt einen Korb in der Hand und nahm ein laut gackerndes Huhn heraus, dann scheuchte er es über die Wiese. Den Korb stellte er an den Straßenrand.

»Da wollte jemand ein Huhn mitnehmen, aber das ist verboten. Alle Tiere müssen im Stall und in den Häusern bleiben«, sagte Mariechen.

»Aber wo rennt das Huhn jetzt hin, das will doch zu seiner Bäuerin«, sagte Wolfgang.

»Das werden die Tschechen heute zu Mittag braten«, meinte Mariechen.

Nun kamen die Fuhrwerke, die uns Deutsche aus dem Dorf herausfahren sollten, die Dorfstraße entlang. Es war kurz vor zehn Uhr. Sie waren pünktlich, so als käme es ganz genau darauf an, uns zur richtigen Zeit aus dem Dorf zu schaffen. Vorn, an der Tür, klopfte es. Ein tschechischer Soldat kam in unsere Wohnung, er sprach mit Mutter.

»Wir müssen gehen«, sagte sie zu uns, mehr nicht.

Jedes Kind hängte sich das Brustbeutelchen um den Hals und nahm den Rucksack auf den Rücken. Mutter nahm noch einen Koffer, Großmutter packte ihr zusammengebündeltes Federbett, hängte sich ihre Handtasche mit dem Traubenzucker um und nahm die braune Ledertasche mit den Küchensachen in die Hand. Mariechen schob Wolfgang im Kinderwagen, er hielt, fest an sich gepreßt, seinen Petzi, einen braunen Plüschbären im Arm. So verließen wir die Wohnung.

Niemand sagte ein Wort.

Als die Küchentür ins Schloß fiel, blieb der Soldat stehen. Er klebte einen Zettel mit dem Wort. ›Beschlagnahmt‹ so auf die Tür, daß der Zettel zerreißen mußte, wenn jemand die Tür wieder geöffnet hätte. Wir sahen ihn alle schweigend an. Er zuckte nur mit den Achseln. Vielleicht tat es ihm doch leid, daß er uns wegschicken mußte. Zu Mutter sagte er: »Geht jetzt, da nix mehr hinein.«

So gingen wir.

Draußen stand ein anderer Polizist, der die Namen der Leute vorlas und sie den Fuhrwerken zuteilte.

Wo war bloß Pavelka, ich hatte ihn noch nicht entdeckt.

Wir mußten auf einen Wagen klettern, es saßen schon

ein paar Leute oben. Es war eng. Die Leute saßen auf ihren Bündeln und Koffern, wir begrüßten uns alle, leise, so, als ob es niemand hören dürfe. Jetzt hörte ich die vertraute Stimme: »Wo ist Großmutter Marie mit ihrer Tochter und den Kindern?«

Pavelka rief es ein paarmal, es war wohl schwer, uns zu finden. Dann hatte er uns gesehen. Er reichte Großmutter ein frisches Brot in den Wagen:

»Von Jari«, sagte er, »sie läßt euch grüßen.«

Jari war seine Frau. Zu Mutter gewandt, flüsterte er: »Sie fahren euch nach Arnau in eine Fabrik, da sollt ihr übernachten, und morgen bringen sie euch über die deutsche Grenze.«

»Jetzt wissen wir wenigstens, wohin es geht«, sagte Mutter. Der Wagen begann sich in Bewegung zu setzen. Er fuhr los, als einer der Polizisten den Arm vor unserem Fuhrwerk hob. Die anderen Fuhrwerke setzten sich, eins nach dem anderen, auch in Bewegung. Ich hörte das Knarren der Räder.

Pavelka winkte, erst nur ein bißchen mit der Hand, dann, als er schon ganz klein war, mit dem ganzen Arm. Wir winkten zurück. Die Wagen fuhren eine leichte Anhöhe hinauf, ich konnte den Obsthang noch sehen, unser Haus noch; dann, als die Straße eine Biegung machte, war alles verschwunden.

»Ich kann unser Haus nicht mehr sehen«, sagte ich zu Mutter, während mir Tränen über das Gesicht liefen.

»Ich auch nicht, Liese, aber da hinten, hinter dem Wald steht es, das wissen wir genau«, sagte Mutter.

Das weiß ich auch genau, ganz genau, dachte ich.

Unsere Wagenkolonne rollte durch Mastig. Allmählich erst nahm ich die Leute in unserem Wagen richtig wahr, sah in die Gesichter, sah die braunen Hände des alten Bauern, sah die Kinder, die zwischen den Großen saßen.

Wir lassen uns alle so einfach wegfahren, dachte ich.

Christl schubste mich an: »Guck mal, da drüben ist der Bahnhof.« Ja, da war er, dort am Bahnhof hatten wir im

Herbst Kisten mit Pfirsichen und Marillen abgeholt, die uns die Großmutter aus Znaim geschickt hatte.

Je weiter wir fuhren, desto fremder wurden die Häuser für mich, die Wege, der Wald und die Berge. Ich mochte nicht mehr so eingeklemmt im Wagen sitzen und fuhr stehend weiter. Christl und die anderen Kinder standen auch. Einer von uns mußte plötzlich ganz nötig, und als wir das hörten, jammerten wir alle laut los, wie dringend wir pinkeln müßten. Der Kutscher tat, als hörte er uns nicht, und fuhr einfach immer weiter. Meine Mutter sagte es ihm auf tschechisch. Er gab etwas auf tschechisch zurück.

»Gleich gibt's für alle eine kurze Pause«, rief Mutter uns Kindern zu.

Ein schwacher Trost, aber es half nichts, wir mußten warten.

Nach einer Weile ging ein Ruck durch die Wagen. Überall hörte man das »Brrr« der Kutscher, die Pferde standen still.

Wir durften endlich austreten. Der Kutscher zeigte auf einen Rasenstreifen an der Straße vor dem Wald. »Dahin«, sagte er.

Für uns Kinder war es nicht schlimm, aber Großmutter genierte sich so, ich mußte mich mit Christl schützend vor sie stellen.

»Eine Erniedrigung ist das«, sagte sie, als wir wieder auf den Wagen stiegen.

»Großmutter, du darfst nicht dran denken, wie es zu Hause war. Es ist jetzt alles anders«, sagte Mutter zu ihr.

Weiter ging die Fahrt.

Nacht im Kohlenschuppen
Ausgeliefert
Heim ins Reich

Gegen Abend kamen wir in Arnau an. Dort fuhren die Wagen zu einer Fabrik, genauso, wie es Pavelka gesagt hatte. Vor der Fabrik war ein freier Platz, aber der Platz war eingezäunt. Die Wagen hielten, und alle mußten aussteigen. Wir sollten zum Fabriktor laufen. Das ging langsam, das Gepäck war schwer, und ich glaube, niemand wollte gern da hinein, an den bewaffneten Soldaten vorbei, auf den staubigen Platz, um dem ringsherum Schuppen standen. Aber wir liefen mit den anderen mit. Die tschechischen Wachen sagten den Leuten, daß sie ihr Gepäck in einem extra Raum abgeben sollten, dort würde es über Nacht bewacht.

Also gingen wir zuerst zum Gepäckabgaberaum. Mutter sagte uns, wir sollten die Rucksäcke lieber aufbehalten, sie gibt nur den Koffer ab. Niemand hatte etwas dagegen. Dann wurden wir von einem anderen Soldaten zu den Schuppen geschickt: »Dritte Tür«, sagte er.

Die dritte Tür war geöffnet, die anderen Türen auch. Drinnen roch es nach Kohlenstaub, er lag in einer dicken Schicht auf dem Erdboden. Hinten an der Wand saßen schon Leute.

»Hier sollen wir schlafen«, sagte einer. Es wurde immer voller, während Mutter und Großmutter noch ratlos dastanden. Ich beneidete Wolfgang um seinen Liegeplatz im Kinderwagen.

»Da ist nichts zu ändern«, sagte Mutter, »kommt, wir machen euch jetzt auch ein schönes Bett.«

Sie holte die Decken heraus und knüpfte Großmutters Federbett auf.

»Doch nicht hier in den Schmutz«, sagte Großmutter entsetzt.

Mutter legte eine Decke zuunterst, die Rucksäcke wurden unsere Kopfkissen. Wir kuschelten uns alle zusammen, so gut es ging, unter das Bett. Es wurde sehr warm.

Ab und zu ging die Schuppentür auf, wenn jemand aufs Klo wollte. Vorher mußten die Leute klopfen, dann öffnete ein Soldat die Tür und führte sie über den Hof zu einem Klo, während ein zweiter weiterhin an der Schuppentür Wache hielt. Das jedenfalls erzählten sich die Leute, wenn sie wieder hereinkamen.

Großmutter stand auf und ging hinaus. Als sie wieder hereinkam, hatte sie keinen Mantel mehr an.

»Stellt euch so was vor«, sprach sie ganz aufgeregt, »der Wachtposten hat ihn mir einfach heruntergezogen und gesagt: den brauchst du jetzt nicht mehr.«

Zum Glück hatte Großmutter noch eine Strickjacke im Rucksack, die zog sie jetzt an. Die anderen Prausnitzer trösteten sie; »es ist ja Gott sei Dank Sommer«, sagten sie. Seitdem gingen die Leute nur noch selten aus dem Schuppen heraus, und wenn es doch sein mußte, dann zogen sie ihren Mantel vorher aus.

Es wurde ruhig im Schuppen, ich schwitzte und konnte nicht einschlafen. Mutter sagte mir: »Schlaf doch Liese, wir sind ja alle beisammen, und morgen fahren wir mit dem Zug.«

Das hörte sich tröstlich an, und irgendwann schlief ich ein.

Als ich aufwachte, drang die Morgensonne durch die geöffnete Schuppentür. Dichter Staub tanzte in ihrem Strahl. Zuerst konnte ich in dem staubigen Licht gar nichts erkennen, nur Stimmen hörte ich: »Wach auf ... wir müssen los, haben sie gesagt ... Mutterle, komm, steh doch auf, du kannst doch nicht hierbleiben.«

Ringsherum wurde gesprochen, und ich erinnerte mich wieder, wo ich war.

Mutter war schon dabei, mit Mariechen die Decken wieder einzurollen und das Bett zu bündeln. Nachdem alles gut verstaut war, sagte sie: »Ich hole jetzt den Koffer ab, und ihr könnt den Himbeersaft trinken.«

Großmutter füllte uns Saft in den Becher. Das Trinken tat gut, mein Hals war wie ausgetrocknet von dem Staub. Im Hof konnte man von einem Wasserhahn Trinkwasser holen, eine lange Menschenschlange stand davor. Großmutter stellte sich auch an und füllte dann die Flasche wieder auf. »Das ist für nachher, wenn es heiß wird«, sagte sie und stellte die Flasche wieder in die Tasche.

Wir mußten alle den Schuppen verlassen und uns in einer Kolonne aufstellen. Vor dem Gepäckabgaberaum standen noch viele Menschen und gestikulierten aufgeregt vor den tschechischen Wachtposten, auch Mutter war dabei. Als sie uns sah, kam sie mit dem Koffer schnell zu uns.

»Sie haben alles geplündert, die Sachen sind durcheinander gewühlt. Die Tschechen müssen heut nacht das ganze Gepäck durchsucht haben. Was ihnen gefiel, haben sie weggenommen, und das andere alles auf einen Haufen geworfen. Ein Soldat, mit dem ich sprechen konnte, hat es mir gesagt. Es tat ihm leid, und er suchte mit mir zusammen die Strickjacken von den Kindern. Die haben wir gefunden. Dann durfte er mir nicht mehr helfen, weil noch mehr Soldaten hereinkamen, die haben nur gelacht.«

»Da vorn gehen sie schon«, sagte Mariechen.

Der Zug der Prausnitzer hatte sich schon in Bewegung gesetzt. Großmutter konnte ihren Rucksack nicht so schnell aufsetzen, so blieben wir etwas hinter den anderen auf dem Platz zurück. Da deutete Großmutter auf einen Soldaten. »Dieser da hat mir heut nacht den Mantel weggenommen«, sagte sie.

»Ich versuch mal, mit ihm zu reden, vielleicht gibt er ihn uns wieder«, antwortete Mutter.

Sie lief zu dem Soldaten und fragte freundlich, ob er Großmutters Mantel nicht zurückgeben könne, sie habe jetzt keinen mehr und sei doch schon so alt.

»Und du gib deinen auch her«, war seine Antwort, während er Mutter festhielt und ihr auch noch den ihren auszog. Wir sahen es mit an und konnten nichts dagegen tun. Mit Mutters Mantel, der innen mit Pelz gefüttert war, ging der Soldat weg, und Mutter blieb nichts anderes übrig, als schnell zu uns zurückzukehren und mit uns den schon weit entfernten Leuten zu folgen. Wir mußten uns beeilen, um sie nicht zu verlieren.

Wir gingen Richtung Arnauer Bahnhof. »Wohin gehen wir?« wollte Wolfgang immer wieder wissen.

»Zum Zug, Wolfgang, wir fahren mit der Eisenbahn«, wurde er von Mutter und Mariechen getröstet.

Er freute sich auf die Eisenbahn.

Da standen wir nun am Bahnhof. Der Bahnsteig war vollgedrängt von Leuten, alle sahen so aus wie wir, ratlos, mit Rucksäcken auf dem Rücken oder Koffern und Bündeln in der Hand.

Es waren nicht nur die Prausnitzer da, aus verschiedenen Gegenden waren sie zusammengetrieben worden. Wahrhaft getrieben, denn hinter uns und den anderen gingen tschechische Soldaten, die riefen: »Vorwärts!« Solange sie so riefen, mußten wir gehen.

»Wir Prausnitzer bleiben zusammen«, sagte jemand zu Mutter, und Mutter sagte es dem nächsten weiter, und der sagte es wieder weiter. So kam es, daß wir uns im Zug wieder trafen, die Mertlicks, die Scholzens, Pechs und die Frau von unserem Schuster mit ihrem gelähmten Kind und noch andere, die ich nicht kannte.

Als ein Zug einfuhr, dachten wir, dieser kann es nicht sein; es war ein Güterzug mit Waggons, in denen sonst das Vieh transportiert wurde. Aber er hielt, die Soldaten schoben die schweren Waggontüren zur Seite und trieben uns zum Einsteigen an. Es gab keine andere Möglichkeit mehr für uns, wir mußten mit dahinein. Als der Waggon so voll war, daß einer dicht neben dem anderen stand, wurde die Tür von außen zugeschoben. Ich wurde mit Christl auf den Kinderwagen gedrückt, und Wolfgang begann fürchterlich zu schreien. Aber ich konnte mich nicht befreien. Mutter sagte immer: »Vorsicht, die Kinder!« aber es half nichts, wir wurden weiter gedrückt, ich konnte mich kaum mehr rühren.

Der Zug setzte sich mit einem Ruck in Bewegung. Allmählich konnte ich mich etwas bewegen und anders hinstellen, die Leute rückten sich zurecht, einige saßen sogar auf ihren Bündeln.

Mutter sagte, wir sollten die Rucksäcke abnehmen und uns auch darauf setzen. So hockten wir lange, dicht an dicht. Der Zug hielt oft, die Türen wurden aber nicht von außen geöffnet, und von innen ging es nicht. Durch die Lüftungsschlitze kam nur ein wenig Licht herein.

Endlich, der Zug war in einen Bahnhof eingelaufen.

Die Tür wurde von draußen zur Seite geschoben, und ein tschechischer Soldat rief: »Reichenberg, zwei Stunden Aufenthalt, nicht aussteigen!« Luft! Wir waren alle froh, daß frische Luft hereinkam, es war stickig heiß im Wagen geworden.

Mutter fragte den Soldaten, der draußen stand, auf tschechisch, ob sie zu ihrer Cousine laufen dürfe, um etwas Eßbares für uns Kinder zu holen. Der Soldat sagte erst gar nichts, er sah Mutter nur an, die ihn wieder auf tschechisch bat. Dann sah er auf seine Uhr und sagte etwas zu Mutter. Sie verstand und sprang aus dem Zug. Das Haus von Tante Lotte war nahe am Bahnhof.

Seit Mutter fortgegangen war, sahen wir immer nur heraus und warteten, ob sie wieder auftauchte. Die Zeit wurde lang. Da, dort hinten, tauchte sie auf, sie kam durch eine Seitenpforte auf den Bahnhof. Der Soldat half ihr auf den Waggon. Mutter bedankte sich bei ihm und sagte zu uns: »Lotte wird kommen, sie kocht uns eine gute Suppe. Wir haben Glück, daß gerade dieser Soldat vor unserem Waggon steht, der da drüben läßt niemanden raus.«

Wir warteten auf Tante Lotte.

Sie kam mit einem großen Topf voll Fleischbrühe, und während wir heißhungrig die Suppe aus dem Topf löffelten, trug sie geduldig einen gefüllten Nachttopf oder Blecheimer nach dem anderen hinüber zum Bahnsteigrand, leerte ihn dort aus und gab ihn den Leuten wieder zurück.

Der Soldat bewachte das alles.

Mit dem warmen Essen im Bauch fühlten wir uns wohler, mir war auch nicht mehr so übel.

Tante Lotte stand da, mit dem ausgelöffelten Topf in der Hand. Sie hatte Tränen in den Augen, als der Soldat die Tür wieder zuschob.

Der Zug fuhr, wir sahen es nicht, aber beim Anrucken purzelten wir durcheinander. Bald hörten wir wieder das gleichmäßige Schienenklopfen und ab und zu das Zischen der Dampflok.

Keiner wußte genau, wie lange wir so gefahren waren, wir hatten ja unsere Uhren mit den anderen Wertgegenständen zu Hause lassen müssen. Aber es muß eine lange Zeit gewesen sein, denn einige unter uns, auch wir, waren bereits fest eingeschlafen, als der Zug hielt.

Er hielt mit einem Ruck, der mich aufweckte.

Der Zug stand, niemand öffnete. Dann waren tschechische Stimmen zu hören, sie kamen näher. Die Tür wurde zur Seite geschoben, und ein Soldat rief es laut in den Waggon hinein, so als müßte er damit alle aus dem Schlaf wecken: »Ihr seid da, jetzt geht heim ins Reich!«

Wir suchen ein Dach über dem Kopf
Vaterunser in der Scheune

Heim ins Reich. Heim, hatte er gesagt. Wir gehen heim, hieß es in Prausnitz, wenn wir zurück zum Haus, auf unseren Hof, in die Küche gehen wollten; wenn wir wußten, daß uns da Freundlichkeit, Geborgenheit und warmes Essen erwarteten.

Da draußen aber stieg feuchter Dunst auf. »Das ist ja eine Wiese«, sagte jemand, »das muß schon in Deutschland sein.«

Nur zögernd sprangen die Leute vom Wagen, reichten

sich ihre Bündel nach, hoben vorsichtig die alten Leute herunter und halfen bei den Kinderwagen.

Keiner wollte weitergehen, alle standen unschlüssig zusammen und warteten.

Die Lokomotive pfiff, der Zug fuhr wieder, aber er fuhr rückwärts, leer, mit geöffneten Türen.

»Sicher holt er die nächsten«, sagte eine Frau. Sie hatte recht, auch wir waren nur eine Waggonladung gewesen, die man aus den sudetendeutschen Dörfern und Städten wegtransportiert hatte, um sie in Deutschland auf eine Wiese zu entlassen, wie das Vieh auf die Weide.

»Kommt, wir müssen eine Straße finden, an den Schienen entlang kommen wir mit den Kinderwagen nicht weiter«, sagten die Leute, und so gingen wir los.

Die anderen Menschen, die wie wir an den Schienen gestanden hatten, setzten sich auch langsam in Bewegung. Sie hatten wohl alle den gleichen Gedanken.

Nachdem wir ein Stück über das feuchte Gras gegangen waren, trafen wir auf Leute, die in kleinen und größeren Gruppen auf der abgemähten Wiese saßen. Überall waren Feuerstellen, zusammengestellte Ziegelsteine, in deren Mitte ein kleines Feuer einen Topf erwärmte. Je weiter wir gingen, desto mehr Menschen sahen wir auf der Wiese, es nahm überhaupt kein Ende. Manche riefen uns an: »Wo kommt ihr her?« Dann riefen die ersten zurück: »Aus Prausnitz«, »wir sind aus Trautenau, aus Königinhof, aus...«, sie riefen viele Ortsnamen. Sie riefen aber auch: »Wo wollt ihr denn hin, die Stadt ist voll von Vertriebenen, sie gaben uns keinen Platz mehr und schicken auch euch wieder weg.« Sie mußten auf der Wiese schlafen.

Unsere Gruppe aber ging weiter.

»Es muß doch noch irgendwo ein Dach über dem Kopf geben«, sagte Mutter, »wir haben so viele Kinder dabei.«

Mein Rucksack drückte, aber ich mußte weiter.

»Die Nacht kommt bald, wir dürfen nicht stehenbleiben«, sagte Mutter und zog mich fort.

Endlich sahen wir die ersten Häuser. Wir liefen auf einer breiten Straße in den Ort. Am Straßenrand lagerten Menschen, Flüchtlinge und Vertriebene wie wir, sie saßen im Staub.

Ab und zu ging einer von uns in ein Haus und bat um Wasser. Dann füllten alle ihre Flaschen. Aber wir durften nicht stehenbleiben, die Leute schickten uns immer weiter.

Einmal fuhr ein Lastauto voll mit Menschen an uns vorbei, wir standen in einer Staubwolke.

Weiter, wieder weiter. Vor einem Bauernhaus machten wir noch einmal Halt. Wir gingen alle in den Hof, und ein alter Prausnitzer klopfte an das Tor. Es wurde lange nicht aufgemacht. Ich sah viele Kindergesichter, die hinter den Gardinen aus dem Fenster sahen. Wir konnten einfach nicht mehr laufen und setzten uns auf die Steine im Hof. So blieben wir, alle waren sehr müde und verschwitzt. Endlich, endlich ging die Tür auf. Eine dünne Frau mit einem ganz schmalen Gesicht stand da und sah uns an.

»Hier im Haus ist alles voll, doch ein paar Meter weiter, in der Scheune, könnt ihr übernachten, aber morgen müßt ihr hier weg. Und daß ihr kein Feuer drinnen macht. Es kommen jeden Tag Tausende, sie müssen alle weiterziehen.«

Die Frau ging gleich wieder ins Haus hinein. Wir hörten, wie sie den Riegel vorschob.

»Glaubst du, was sie sagt?« fragte ich Christl.

»Ja«, sagte sie leise. Meine Füße brannten beim Wiederaufstehen noch mehr in den hohen Schnürstiefeln, ich hatte mir Blasen gelaufen. Nur gut, daß es nicht mehr so weit war, da drüben konnten wir die Scheune schon sehen.

Wir Prausnitzer hatten eine ganze Scheune für uns!

Drinnen, auf dem weichen Sandboden, suchten wir uns einen Platz für die Nacht, und dann wurde das herumliegende Stroh gleichmäßig an den Lagerstätten verteilt.

Endlich konnten wir uns die Schuhe ausziehen. Oh, wie tat das gut!

Mutter und Mariechen bereiteten das Bett vor. Die Kohledecke, wie sie seit der Zeit im Fabrikschuppen hieß, zuunterst, die Rucksäcke wieder als Kissen.

Großmutter sorgte für das Essen. Sie schnitt jedem von uns eine Scheibe von Pavelkas Abschiedsbrot ab und gab sie uns.

»Das letzte Prausnitzer Brot«, sagte sie, »das müßt ihr mit Andacht essen.«

Wir aßen es mit Heißhunger.

Draußen wurde es sehr schnell dunkel. Ein alter Mann machte das Scheunentor zu. Es wurde ruhig in der Scheune.

Da lagen wir nun, in Deutschland, viele Zugstunden weg von der Fabrik und dazu einen halben Tag mit dem Fuhrwerk fort von Prausnitz. Es war so friedlich.

Ich hörte, wie sie sagten: »Morgen müssen wir uns voneinander trennen, wenn wir weniger sind, finden wir eher eine Bleibe«, und »Laßt uns noch zusammen beten und Gott bitten, daß wir einmal wieder in die Heimat zurückkehren dürfen.«

Manche Prausnitzer knieten sich auf ihre Decken, viele lagen mit gefalteten Händen da.

»Vater unser, der du bist im Himmel, dein Wille geschehe«, so beteten sie.

Das Geräusch der mit ruhigem und leisem Ton gesprochenen Worte füllte den Raum. Es war feierlich und schön. Die Tränen, die ich auf allen mir nahen Gesichtern sah, beunruhigten mich nicht.

Wohin?
Ein Koffer zum Schlafen
Nur erstmal von der Grenze weg

Früh brachen sie auf.

Wieder Abschiede, Umarmungen, Tränen. Die Prausnitzer Gruppe löste sich auf, jeder war jetzt auf sich gestellt. Jeder mußte für seine Familie, für seine Kinder entscheiden, wohin er sich wenden wollte.

Und die wenigsten hatten ein Ziel, ratlos und hilflos waren sie. Die Unschlüssigen wollten gar nicht weiter. Sie wollten so nah wie möglich ihrer Heimat bleiben, nah an der Grenze, vielleicht durften sie ja bald wieder zurück.

Andere wollten hier warten, sicher würden sie hier ihre Verwandten treffen, die auch ausgewiesen worden waren.

Wohin sollten wir nur gehen?

Wir kannten niemanden in Deutschland. Alle unsere Verwandten lebten im Sudetenland, oder sie wohnten in Österreich.

Und wo sollten wir Vater finden, wo sollte er uns finden?

Wir hatten wieder die Rucksäcke auf dem Rücken, Wolfgang verschwand ganz unter dem Koffer im Kinderwagen. So standen wir noch unschlüssig auf dem trockenen Gras vor der Scheunentür. »Hier im Ort können wir auf keinen Fall bleiben«, sagte Mutter, »das ist ein Durchgangsort für alle Vertriebenen aus dem Sudetenland und für viele Flüchtlinge aus dem Osten. Wir müssen weiter.«

»Am besten, wir gehen zum Bahnhof und nehmen einen Zug, der weiter ins Land hineinfährt, damit wir nur hier wegkommen«, meinte Großmutter.

Es war nicht schwer, den Weg zum Bahnhof zu finden, wir brauchten nur dem Menschenstrom zu folgen, uns in ihn einzureihen und unsere Schritte den anderen anzupassen.

Schnell ging niemand, aber stetig, ohne Pause; wenn jemand einmal ein Gepäckstück absetzte, dann nur, um kurz zu verschnaufen und wieder weiterzulaufen.

Es wurde eng, wir kamen ins Gedränge, ich wurde mehr weitergeschoben, als daß ich ging. Neben mir fremde Leute, fremde Stimmen, ich sah mich um. Mutter, Großmutter und Christl waren in meiner Nähe, aber den Kinderwagen konnte ich nicht sehen.

»Wo ist Wolfgang?« fragte ich Christl.

»Mutter, Wolfgang ist weg«, rief Christl.

Mutter sah sich um, »Mariechen, Wolfgang, Mariechen, Wolfgang!« rief sie laut mit immer heiserer werdenden Stimme.

»Hier, hier bin ich«, hörte ich Mariechens Stimme. Sehen konnte ich sie nicht. Ich war so eingezwängt, von allen Seiten wurden wir geschubst, wir hielten ja den Menschenstrom auf, der zum Bahnhof wollte.

Da, mit schwitzendem, rotem Gesicht und Tränen in den Augen, schob sich Mariechen zu uns durch. Wolfgang wollte aus dem Wagen heraus und von Mutter getragen werden, er strampelte wild unter dem Koffer. Mutter nahm ihn auf den Arm und stellte die Taschen und das Bett in den Wagen.

»Ihr wart auf einmal weg«, sagte Mariechen.

Jetzt nahmen wir Mariechen mit dem Wagen in die Mitte, Christl und ich mußten uns an der Stange festhalten, Mutter mit Wolfgang auf dem Arm lief neben Großmutter vorweg. Solange ich Mutters rote Strickjacke sah, war alles gut. So blieben wir dicht beieinander.

Auf einmal standen die Menschen still, es ging nicht mehr weiter.

»Da vorn ist der Bahnhof«, rief Mutter zurück.

Es ging nur langsam jetzt, Schritt für Schritt, bis wir endlich am Bahnsteig angelangt waren.

Neben uns suchte eine Frau etwas in ihrem auf dem Pflaster aufgeklappten Koffer. Um sie herum standen ein paar Kinder. Sie nahm ein Handtuch heraus und stopfte es ihrem Jungen – er mochte wohl so alt wie Wolfgang gewesen sein – in die Hose.

»Er hat sich die Nieren und die Blase erkältet. Wir schlafen schon seit Wochen im Freien. Die beiden Kleinen schlafen im Koffer, aber für die anderen hab ich nichts.«

Während sie noch sagte, daß sie aus Ostpreußen komme und nach Hamburg zu einer Schwester will, starrte ich auf den Koffer; ein bißchen Wäsche lag drin, sie klappte ihn wieder zu. Decken hatten sie keine. Alle Kinder hielten sich an den Händen und standen dicht nebeneinander.

Ein Zug lief ein. Alles stürmte zu den Waggons. Sie waren im Nu voll, die Leute standen auf den Trittbrettern, einige kletterten auf die Dächer.

Dieser Zug fuhr ab, ohne uns.

»Da kommen wir nicht mit«, hatte Mutter gesagt.

Nie kommen wir da rein, dachte ich, wie sollen wir das in dem Gedränge mit dem Kinderwagen schaffen!

Die Frau mit den Kindern war nicht mehr zu sehen. Ob sie mitgefahren waren?

Kurze Zeit darauf lief wieder ein Zittern durch die Geleise.

Der nächste Zug lief ein, ein Güterzug, Waggons mit und ohne Dach standen auf den Geleisen, es war so ein Zug wie der, mit dem wir hierher gebracht worden waren.

Mutter hatte sich bei Leuten erkundigt, wohin der Zug führe und erklärte uns dann: »Sie fahren alle nicht weit, sie schaffen nur die Leute erst mal von der Grenze weg. Wir sollten sehen, daß wir mitkommen. Besser wird es nicht.«

Wir sahen nun, daß wir mitkamen.

Diesmal fuhren wir in einem offenen Waggon, ohne Dach, in einem, in dem sonst Sand oder Kohle transportiert wird. Es war wieder eng, aber dafür hell, ich sah den Himmel über mir.

Als der Zug fuhr, sah ich immer nur nach oben, in den weiten, blauen Himmel, sah die dahinfahrenden Wölkchen, es wurden immer mehr, sie rasten jetzt am Himmel dahin. Mir wurde schwindelig. Ich spürte Brechreiz im Hals. Über meine Schuhe floß das Erbrochene.

»Wir steigen am nächsten Bahnhof aus«, hörte ich Mutter sagen. Es klang wie von fern, ganz von weit weg kam es.

Niemand will uns haben
Am Bahnhof Suppe
In der Stadt verschlossene Türen

Sie hatten mich aus dem Waggon herausgehoben und irgendwo hingesetzt, es war heiß, drückend heiß. Ich fühlte mich zu schwach, um ohne Stütze sitzen zu können. Mein Kopf lag auf Großmutters Schoß, das erkannte ich an ihrem gewürfelten Kleidermuster.

Die Hände waren klebrig von Schweiß und Schmutz, die Kleider klebten am Körper. Am liebsten hätte ich geheult, aber die Tränen blieben einfach weg. Als ich aufblickte, sah ich, daß sie alle da waren, Mutter, Mariechen, Christl und Wolfgang und natürlich Großmutter.

Sie sagten nichts, sie schauten nur, schauten zu den anderen Leuten hin, die wie wir in der Mittagshitze am Bahnsteig saßen.

Ich machte meine Augen wieder zu, wollte nichts sehen, gar nichts. Ich bekam auf einmal gewaltige Sehnsucht nach unserem kühlen Hof zu Hause und nach seinem Brunnen. Ich stellte mir vor, wie sein Wasserstrahl in das Steinbecken plätscherte. Ich hielt meinen Kopf darunter, das Wasser lief über ihn hinweg. Es lief wirklich, nur nicht kühl und erfrischend, sondern warm, salzig und klebrig. Ab und zu wischte Großmutter mit einem feuchten Lappen über meine Stirn, das tat gut.

Sie sprach leise mit mir.

Ich wagte wieder, meine Augen aufzumachen und blinzelte in die Sonne. »Willst du was trinken, Liese?«

fragte Großmutter. Sie öffnete die Flasche, und ich trank das lauwarme Wasser, das schon längst nicht mehr nach Himbeersaft schmeckte. Es schmeckte scheußlich und doch nach gar nichts, aber ich trank es dennoch gierig.

Durch die müde dasitzenden Menschen gingen zwei Frauen mit großen, grauen Umhängetaschen, auf denen ein rotes Kreuz war. Sie trugen Mützen wie sie die Soldaten trugen.

Die beiden Frauen blieben bei den Leuten stehen, sprachen mit ihnen, manchmal gaben sie ihnen kleine Zettel, manchmal nicht. Ich beobachtete sie, wie sie sich uns langsam näherten.

Sie fragten Mutter, woher wir kämen und wann wir hier in Neustadt angekommen seien. Mutter beantwortete alle ihre Fragen.

Die beiden gaben ihr einen Zettel mit einer 6 darauf.

»Für diesen Bon bekommen Sie heute abend sechs Portionen Suppe, den dürfen Sie nicht verlieren«, sagte die eine von ihnen, »zwei Nächte können Sie hierbleiben.«

»Versuchen Sie für die beiden Nächte unter dem Dach dort drüben einen Platz zu finden«, sprach die andere Frau weiter, »sehen Sie zu, daß Sie dann weiter ins Land hineinkommen, hier kommen täglich neue Flüchtlingstransporte an, und die Leute brauchen Platz.«

Ehe die beiden Frauen weitergingen, fragten sie Großmutter, ob ich krank sei.

»Sie verträgt die Hitze nicht«, sagte Großmutter.

Eine der beiden bückte sich zu mir herunter und sah mir ganz ernst ins Gesicht. »Passen sie auf die Kinder auf, wir haben hier Typhus. Am besten, sie trinken nur abgekochtes Wasser.«

»Mein Gott, Typhus«, hörte ich Mutter sagen.

Kaum waren die beiden Frauen weitergegangen, war es mit Mutters Müdigkeit vorbei.

»Ich muß sehen, daß ich was zu essen für uns bekomme, bis heut abend ist es noch lang.« Sie setzte Wolfgang in den

Kinderwagen. Großmutter wollte mit Christl am Bahnhof beim Gepäck warten. Mariechen und ich gingen mit Mutter in die Stadt.

Die Straßen waren voll Staub. Es war so heiß wie am Bahnhof. Wir kamen an ein paar kleinen Geschäften vorbei, ihre Türen waren geschlossen.

Wir waren nicht die einzigen, die hungrig und auf der Suche nach Nahrung durch die Straßen liefen. Viele Leute zogen wie wir von Tür zu Tür. Vergeblich.

Mutter schlug einen Weg ein, der aus der dichtbebauten Stadt herausführte, hier lagen die Häuser in Gärten. Doch die Pforten waren verschlossen. Wir blieben vor jedem Gartentor stehen und sahen durch das Gitter hinein. Helle Sand- und Kieswege führten zu den Häusern, die versteckt im Grün standen und nach Frieden und nach zu Hause aussahen.

»Die lassen niemanden rein«, sagte Mariechen.

»Sie werden froh sein, wenn sie selbst was zu essen haben«, meinte Mutter.

Ich hatte Himbeeren entdeckt und zwängte meine Hand durch eine große Masche im Gartenzaun. Ein paar konnte ich erreichen, für Wolfgang und für mich. Ich schluckte sie nicht gleich hinunter, um den Geschmack so lang es ging, auf der Zunge zu behalten.

Mutter drängte weiter. »Vielleicht finden wir doch jemanden, der uns was gibt«, sagte sie.

Fast am Ende der Straße sahen wir eine Frau in einem Beet hacken. »Hallo«, rief Mutter zu ihr hin, »hallo«, rief auch Wolfgang. Die Frau drehte uns den Rücken zu und hackte weiter. »Bitte, entschuldigen sie, die Kinder haben Hunger«, sagte Mutter, jetzt schon etwas leiser. Wolfgang mußte gesehen haben, wie die Frau Möhren herauszog, er begann zu weinen und sagte immer wieder: »Ich hab Hunger, ich will eine Möhre haben.«

»Hier kriegen wir nichts«, sagte Mariechen.

»Doch, sie gibt uns was«, sagte Mutter, und so blieben

wir einfach stehen. Wir waren auch schon zu müde, um noch weiterzugehen. Als die Frau eine Handvoll Möhren herausgezogen hatte, kam sie wirklich zu uns an den Zaun. Wortlos reichte sie Mutter das Bund sandiger Wurzeln. Mutter sagte auch nichts, die beiden Frauen sahen sich nur an, sie sprachen wohl mit den Augen miteinander. Dann rieb sich die Frau die Hände an ihrer Schürze sauber und strich Wolfgang über den Kopf. »Wie mein Kurt«, sagte sie, und dann hatte sie plötzlich Tränen in den Augen. Sie drehte sich schnell um und ging zurück.

Mutter rieb den Sand von den Möhren und gab jedem von uns eine, wir aßen sie gleich mit knurrendem Magen. Den Rest legte sie in die Tasche für Christl und Großmutter.

»Sie hat ja geweint«, sagte ich zu Mariechen, als wir weitergingen. »Vielleicht ist ihr Kurt im Krieg geblieben«, antwortete sie. Außer ein paar kleinen Augustäpfeln, die über den Zaun hingen, gab es nichts mehr.

Langsam und müde schleppten wir uns zum Bahnhof zurück. Dort sah Mutter über einer Tür das Schild »Küche«, da wollte sie nachher Trinkwasser für uns abkochen.

Großmutter und Christl waren froh, daß wir wieder da waren. Am Abend sahen wir die Leute mit ihren Töpfen zur Küche gehen, und Mutter ging mit ihnen. Es dauerte eine Weile, bis sie wieder kam, die Schlange der hungrig wartenden Menschen vor dem Suppentopf war lang gewesen. Großmutter holte die Prausnitzer Löffel aus ihrer Tasche, und wir aßen alle gemeinsam aus dem Topf die dünne Nudelsuppe. Sie war heiß und salzig, das war gut.

Nach dem Essen trugen wir unsere Sachen unter das Glasdach. Wir legten uns auf den Pflastersteinen zum Schlafen nieder, die Köpfe auf den Rucksäcken, eng aneinandergedrückt.

In der Ferne hörten wir ein Gewitter heraufziehen. Wir sehnten uns nach dem kühlenden Regen, aber für die Flüchtlinge da draußen auf dem Bahnsteig hätte das bedeutet, bis auf die Haut naß zu werden. Sie saßen da zu Hunderten und hatten kein Dach über dem Kopf.

Am nächsten Morgen war es frisch, das Gewitter war weiter in der Stadt niedergegangen, und es hatte die heiße, drückende Luft abgekühlt.

Wir beschlossen, wieder in die Stadt zu gehen, Mutter mußte etwas Eßbares für uns finden, der Hunger war zu groß.

Großmutter wollte allein am Bahnhof warten.

Wir schlugen diesmal die andere Richtung ein. Auf dem Marktplatz stand ein Lastauto, mit einer langen Menschenschlange dahinter.

Dort mußte es etwas zu essen geben.

Wir stellten uns auch an, denn wir sahen, daß ein Mann vom Auto herunter Möhren und Kohlrabis verkaufte. Aber Mutter hatte kein deutsches Geld. Sie sagte: »Wir bleiben trotzdem in der Schlange, vielleicht gibt er uns etwas umsonst.«

Aber wir bekamen nichts. »Alle Leute müssen bezahlen«, sagte der Mann mit dem blauen Hemd, das so blau war wie seine Augen.

Ich fand das schön und sah seine blauen Augen an. Das eine Auge zwinkerte mir zu. Hinter uns rief eine Frau: »Für zwei Mark Kohlrabis!« Wir mußten aus der Schlange raus und stellten uns erst mal zur Seite. Jetzt bekam Wolfgang wieder großen Hunger auf Möhren, er schrie und wollte nicht weiter.

Da standen wir nun und sahen, wie der Gemüseberg auf dem Lastauto immer kleiner wurde.

Ohne zu uns rüberzugucken, warf der Mann mit den blauen Augen ab und zu ein paar Möhren in unsere Richtung. »Schlechte«, sagte er. Sie fielen vor uns auf den Weg. Wir hoben sie auf und sahen zu unserem Erstaunen, daß sie gar nicht schlecht waren.

Ganz sicher, der Mann wollte sie uns schenken. Aber wie er das machte – ob er es den anderen Leuten nicht zeigen wollte?

Egal, Hauptsache, wir bekamen sie.

Als der Wagen leer war, hatten wir unsere Tasche halbvoll.

Der Mann stieg hinter sein Lenkrad und ließ laut den Motor an. Dann hob er die Hand zu uns rüber und winkte ein bißchen. Das Auto zog eine dicke Staubwolke hinter sich her.

Vielleicht ist es in Dresden besser
Mariechen
Der Zug fährt ohne uns

Die Möhren waren an dem Tag unsere einzige Nahrung gewesen.

Aber wir waren froh; denn manche Leute hatten gar nichts, sie tranken tagsüber Wasser und warteten, auf ihrem armseligen Gepäck sitzend, auf die Abendsuppe.

Mutter ließ mich mit Mariechen ein bißchen am Bahnhof herumgehen, wir durften uns nur nicht zu weit entfernen. Über einem Wasserhahn lasen wir in schwarzer Schrift das Wort »Trinkwasser«.

»Das darfst du nicht trinken, niemals, hörst du, davon bekommt man Thyphus, und dann mußt du sterben«, sagte Mariechen. Obwohl sie mir das so eindringlich sagte, ging sie selbst zu dem Hahn, und dann drehte sie ihn auf.

»Ich wasch mir nur die Hände«, sagte sie zu mir. Ich stand daneben und sah sie an.

Zuerst hielt sie die Hände unter den Strahl, dann wusch sie sich mit den nassen Händen das Gesicht, immer wieder, und vor dem Mund hielt sie die Hand ganz, ganz lang. Ich konnte sie schlürfen hören.

»Du trinkst ja«, rief ich aufgeregt.

Mariechen trank und trank. »Ich muß, ich habe solchen Durst«, sagte sie dazwischen, und »nicht Mutter sagen«.

Ich hatte auch Durst, es war so drückend schwül, aber ich rannte los, zurück zu meinen Leuten. Dort trank ich die Flasche mit dem lauwarmen abgekochten Wasser leer. Mutter ging in die Bahnhofsküche, um neues Wasser abzukochen.

Als sie zurückkam, sagte sie: »Wenn heute abend der Zug nach Dresden einläuft, müssen wir einsteigen. Wir dürfen nicht länger in Neustadt bleiben, es gibt hier nichts mehr zu essen. In Dresden gibt es Flüchtlingslager, dort wird man für uns sorgen.« Und sie fügte hinzu: »Der Zug fährt erst morgen früh los, wir schlafen heute nacht im stehenden Waggon.«

Wir waren alle froh, daß wir von diesem Bahnhof wegfahren, daß wir aus dieser Stadt fort sollten, die uns nicht aufnehmen konnte, die heiß und trocken und zum überquellen voll von Menschen war.

Spät am Abend lief der Zug ein. In die wartenden Menschen kam Bewegung. Sie strömten zum einfahrenden Zug, fast alle wollten sie weg von diesem Bahnhof, nur fort aus dem Grenzort, hinein ins Landesinnere.

Schlaftrunken nahmen wir unsere Rucksäcke und stolperten hinter Mutter, die den Kinderwagen schob, zur Bahnsteigkante. Dort drängelten sich die Menschen, sie schubsten uns zur Seite. Wir bekamen gerade noch einen Platz an der Schiebetür, und Mutter setzte sich so vor uns hin, daß wir nicht herausfallen konnten.

Es war wieder ein Zug, der sonst zum Viehtransport benutzt wurde. Aber wir kannten das schon und waren nicht weiter verwundert. Für diese Nacht hatten wir wenigstens ein Dach über dem Kopf. Am Morgen weckte mich lautes Stimmengewirr. »Haltet doch das Mädel, sie fällt!« Ein Aufprall, Rufe.

Mariechen lag draußen auf dem Bahnsteigpflaster und rührte sich nicht. Mutter und einige Leute waren sofort draußen, standen und knieten um sie herum.

»Der Puls geht schwach«, sagte Mutter besorgt.

»Ich gehe zur Bahnhofswache«, sagte ein alter Mann und verschwand zwischen den Leuten.

Er kam bald zurück und trug mit der Frau, die gestern den Suppenzettel ausgeteilt hatte, eine Pritsche. Sie legten Mariechen darauf. Sie hatte die Augen geschlossen und stöhnte leise. Jetzt sah ich das Erbrochene, auf dem sie gelegen hatte, es waren grüne Apfelstücke. Christl rief laut »Mariechen!« Mariechen wurde weggetragen, fortgetragen durch die vielen Menschen hindurch, zur Bahnhofshalle. Mutter stand ratlos am Bahnsteig. Sie blickte Mariechen nach, dann sah sie zu uns. Jetzt kamen ihr die Tränen, aber sie wischte sie gleich wieder ab.

»Kommt heraus, bevor der Zug losfährt, wir können Mariechen nicht im Stich lassen. Wir bleiben auch hier.«

Wir sprangen aus dem hohen Waggon, der kein Trittbrett hatte, Leute warfen uns das Gepäck nach.

Wieder standen wir auf dem Bahnsteig. Unser Platz, vier graue, rechteckige Pflastersteine, auf denen wir zwei Tage und eine Nacht gewartet, gesessen, gegessen und geschlafen hatten, war schon wieder von anderen Flüchtlingen belegt. Überall saßen sie, sie mußten in der Nacht auf den Bahnhof gekommen sein, die Neuen.

Wir bahnten uns mit dem Kinderwagen einen Weg.

Irgendwo fanden wir dann einen Platz zum Hinhocken und Gepäckabsetzen. Großmutter wollte ins Krankenhaus gehen und sehen, was mit Mariechen geschehen war, sie wollte ihr auch den Rucksack mit ihren Sachen nachbringen.

»Und im Krankenhaus frag mal, ob sie dir etwas für die Kinder zu essen mitgeben!« rief Mutter ihr nach.

Eine Dampflok zischte, vorn am Bahnsteig wurde gepfiffen.

Das war ja unser Zug nach Dresden! Er fuhr ab, ohne uns, voll mit Flüchtlingen, die am nackten Boden in den Viehwagen saßen. Ich lief zur Bahnsteigkante und sah den Zug in der Ferne verschwinden. Ich wäre gerne mitgefahren.

Ich hockte mich hin und spürte, wie die Tränen kamen. Sie liefen mein Gesicht herunter, die Tränen, die in den letzten bösen Tagen nicht kommen wollten. Ich schnupfte laut und ließ die Tränen laufen. Das tat gut.

»Weißt du nicht, wo deine Mutti ist, Kleine?« fragte eine Frauenstimme. Dicht vor mir stand jemand, ich sah nur ein wenig hoch, bis dahin, wo die geblümte Bluse in den Rock gestopft war. »Warum weinst du denn?«

Da rannte ich los. Ich hätte sowieso nicht gewußt, was ich hätte sagen sollen. Ich weinte, weil der Zug weg war, ja, das auch, aber auch wegen gestern und vorgestern, und weil mein Zuhause weg war und alles, alles. Ich rannte zwischen den Leuten hindurch zu Mutter.

»Der Zug nach Dresden ist weggefahren«, sagte ich zu ihr. Jedoch der Zug schien sie wenig zu interessieren. Sie war gerade damit beschäftigt, Wolfgang aufs Töpfchen zu setzen. Mutter hatte wohl noch gar nicht gemerkt, daß ich eine Weile nicht dagewesen war.

»Wenn nur Großmutter bald käme«, sagte sie.

Gegen Mittag war Großmutter wieder da, mit einem halben Schrotbrot unter dem Arm und einer Flasche Lebertran für uns. Sie sagte, Mariechen liege in einem schönen Bett, und sie habe mit dem Arzt sprechen können. Es bestehe aber Typhusverdacht, und Mariechen müsse die nächste Zeit im Krankenhaus bleiben.

Wir wollten in Dresden auf sie warten.

Am Abend lief wieder der Zug Richtung Dresden ein. Wir mußten einsteigen, länger durften wir in Neustadt nicht bleiben. Zwei-, höchstens dreimal gab es hier am Bahnhof eine Abendsuppe, dann nicht mehr, alle mußten weiter. Wie am Vorabend fanden wir nur mit Mühe einen Platz in einem Waggon. Als er in der Früh anfuhr, schliefen wir noch.

Ruinen in Dresden
Auf alle haben sie geschossen
Nie wieder Krieg

Ankunft in Dresden. Aussteigen, Gedränge am Bahnhof. Massen von Menschen, die müde, schmutzig und verschwitzt aussahen, die ihre kleinen Kinder und die Bündel schleppten.

An den Wänden entlang saßen sie, schliefen, starrten irgendwohin. Kinder weinten.

»Nur weg vom Bahnhof«, sagte Mutter. Ich glaube, sie hatte Angst vor den vielen traurigen Gesichtern, vor dem Gedränge und dem Lärm. Wir stolperten Treppen hinunter, Christl hielt meine Hand fest, Großmutter trug mit Mutter den Kinderwagen. Von allen Seiten wurden wir weitergeschoben.

Im Tunnel unten war es dämmrig. Auch da an den Wänden saßen Flüchtlinge, aus der Heimat Vertriebene. Vorn kam Licht herein.

Wir gingen auf das Licht zu, dort draußen mußte Dresden sein. Ja, draußen war Dresden. Aber nicht, wie ich es erwartet hatte, eine Großstadt mit breiten Straßen, hohen, buntgestrichenen Häusern und fröhlichen Menschen.

Von der grellen Sonne standen wir wie geblendet. Staub lag in der Luft, viel Staub. Gleißendes Sonnenlicht lag auf den Ruinen, den eingestürzten Mauern, den Treppen, die in der Luft zu hängen schienen, den Steinhaufen, Trümmerbergen und Schlaglöchern.

»Alles kaputt, alles kaputt«, sagte Wolfgang traurig.

Mutter und Großmutter hatten es gewußt. Sie wußten, daß in der Nacht des 13. Februar 1945 englische und amerikanische Bomber Dresden in Schutt und Asche gebombt hatten, sie wußten, daß bei dem Bombenangriff über hunderttausend Menschen ihr Leben verloren hatten, daß sie grausam in den Flammen verbrannt oder in den Kellern erstickt waren.

Sie wußten, daß in dieser Zeit die Stadt überfüllt war mit schlesischen Flüchtlingen, die vor den heranrückenden Russen geflohen waren, und daß trotzdem der Bombenangriff durchgeführt worden war.

»Großmutter, warum haben die Engländer und die Amerikaner das gemacht?« fragte ich.

Großmutter sagte, sie könne es sich nicht erklären, aber es müsse wohl aus Rache gewesen sein. Aus Rache gegen die Deutschen, die vorher in Rußland und in den Ländern im Westen Städte und Dörfer zerstört und Menschen erschossen hätten. »Und was das Schlimmste ist«, fügte sie hinzu, »daß wir Deutschen den Krieg angefangen haben, das vergißt man uns nicht.«

Großmutters Gesicht war ernst.

»Und auf Kinder«, wollte ich wissen, »haben sie auch auf Kinder geschossen?« Sie nickte, »auf alle«, sagte sie, »auf alle«.

So deutlich hatte Großmutter noch nie über den Krieg zu uns gesprochen. Aber jetzt, angesichts dieser zerstörten Stadt, gab es nichts mehr vor uns Kindern zu verheimlichen, zu beschönigen und zu verbergen.

Noch standen wir, standen und schauten.

»Es darf nie wieder Krieg geben«, sagte Mutter.

Langsam gingen wir vorbei an den Häusern, die jetzt keine Dächer mehr hatten. Vor denen vielleicht noch vor ein paar Monaten Kinder gespielt hatten, die jetzt tot waren.

Wir sprachen kein Wort. Entsetzen hatte uns befallen, Entsetzen vor dem gewesenen Krieg.

In den Ruinen konnten wir kein Zuhause finden. Wo war das Flüchtlingslager, in dem für uns gesorgt werden sollte?

Mutter entdeckte in einer Hausruine einen kleinen Tabakladen, der ganz geblieben war. Sie ging hinein, und ein buckliger alter Mann kam mit ihr wieder heraus. Sein Gesicht war weiß, er sprach sehr leise und zeigte uns die Richtung zur Pferderennbahn.

Da wären viele Flüchtlinge, und da gäbe es etwas zu essen. Mutter fragte ihn, ob er nicht für uns Kinder etwas Eßbares hätte. Er schüttelte traurig den Kopf. Schnell verschwand er wieder hinter der Tür mit den herausgebrochenen Fensterscheiben.

Die Richtung wußten wir nun, und je länger wir gingen, desto mehr Flüchtlinge trafen wir, sie hatten das gleiche Ziel.

Ein Schlafplatz auf der Pferderennbahn
Anna
Typhus, wieder weiter ins Land

Gelber, niedergetretener Rasen, umgeben von Holzbänken, die treppenartig in die Höhe gebaut waren. Dahinter ein paar Baracken. Überall lagerten Menschen. Sie saßen, schliefen, warteten. Warteten, worauf ?

Die Hoffnung, bald wieder in ihre Heimatorte zurückkehren zu dürfen, war zerstört. Wozu sonst täglich die neuen Transporte Vertriebener und Geflüchteter? Wozu das Elend auf dem Fluchtweg, auf den Bahnhöfen, in den Lagern?

Warum das alles, wenn es morgen wieder ein Zurück gäbe? Mutter sprach mit einer jungen Frau, die jeden Abend bei Freunden in einer Ruinenwohnung den Rundfunk hörte. Diese Frau konnte uns berichten, was die Siegermächte vorhatten:

Die Amerikaner hatten dem Vertreibungsplan zugestimmt, weil sie glaubten, daß die Vertreibungen geregelt und human durchgeführt werden würden.

»Was ist human?« fragte ich Mutter.

»Eigentlich heißt ›human‹ menschlich«, antwortete sie, »aber wer kann glauben, daß etwas menschlich durchgeführt werden kann, was im Grunde unmenschlich ist? Die russischen, tschechischen und polnischen Regierungen hatten es sehr eilig damit, uns Deutsche auszuweisen. Als die Siegermächte auf der Potsdamer Konferenz die Umsiedlung aller Deutschen aus den Gebieten jenseits der Oder-Neiße-Linie in die vier Besatzungszonen Deutschlands beschlossen, waren Flüchtlinge und Vertriebene schon längst unterwegs. Wir sind diese Vertriebenen und mit uns drei Millionen anderer Sudetendeutscher, die Ostpreußen sind es, viele Pommern, Schlesier, Deutsche aus Ungarn, Jugoslawien und Bulgarien. – Daß sie dich zwingen, deine Wohnung zu verlassen, dein Haus, dein Dorf, dein Land, in dem du geboren wurdest, aus dem du mit dem Gewehr herausgetrieben worden wärst, wenn du hättest bleiben wollen, das ist nicht menschlich. Und menschlich ist auch nicht, daß wir hier stehen, mit einem Rucksack, hungrig und matt, in einem Land, wo wir fremd sind, uns niemand haben will.«

So viel hatte Mutter noch nie gesprochen, seitdem wir unterwegs waren. Ich sah sie an, und mir fiel Pavelka ein, ganz plötzlich, ich sah ihn vor mir, wie er mit der Faust auf den Tisch schlug und sagte: »Das ist ein Unrecht.«

»Pavelka findet das auch«, sagte ich zu Mutter.

»Du redest, als stünde er neben dir«, Mutter strich mir die verklebten Haare aus dem Gesicht: »Wir müssen jetzt sehen, wo wir unterkommen.«

Großmutter hatte es ausgekundschaftet: Im Gebäude neben der Rennbahn können Leute mit Kindern schlafen.

Dort legten wir unsere Sachen auf den blanken Steinboden, keine Betten, keine Matratzen. Neben unserem Schlafplatz lagen Frauen und Kinder, sie waren zu schwach, um tagsüber aufzustehen. Sie waren schon seit drei Monaten unterwegs, sie sagten, sie kämen aus Ostpreußen.

Mutter ging mit uns zur Lagerküche, einem überdachten Unterstand, in dem große Öfen standen. Hier waren viele Frauen, die Töpfe in der Hand hielten und darauf warteten, einen Platz auf der Herdplatte zu bekommen. Mutter stellte sich mit einem Säckchen Haferflocken und einem kleinen Topf in der Hand in der hintersten Reihe an und wartete auf eine Stelle auf dem Herd, um für uns eine Suppe zu kochen. Ein Mädchen mit schwarzen Zöpfen stand neben einer alten Frau und musterte mich. Ich nickte ihr zu.

Nachmittags sah ich das Mädchen mit den schwarzen Zöpfen wieder. Es versuchte, auf einem Bein die Treppenstufen hinaufzuhüpfen und mit dem anderen wieder herunter. Manchmal gelang es ihr, ohne abzusetzen; ich wollte es auch versuchen. Wir hüpften und hüpften und vergaßen dabei die vielen Leute um uns und lachten.

»Anna«, rief eine Frauenstimme.

»Ich muß weg«, sagte das Mädchen.

Sie lief zu der alten Frau, die ich in der Lagerküche gesehen hatte, und verschwand zwischen den Leuten. Abends dachte ich an Anna. Bevor ich einschlief, nahm ich mir vor, sie morgen wieder zu suchen.

Sie war schon da. Dort auf der Treppe hüpfte sie wieder. Bald waren wir eine ganze Menge Kinder, und wir dachten uns immer schwierigere Hüpfspiele aus. Das machte Spaß.

Christl spielte nicht mit. Sie paßte auf Wolfgang auf, während Mutter und Großmutter auf Nahrungssuche waren. Sie waren auch am Bahnhof gewesen und hatten dort für Mariechen einen Zettel an die Wand geklebt. Einen Zettel unter vielen, auf denen sich Flüchtlinge eine Nachricht hinterließen. »Über hundert hängen da«, sagte Mutter.

Nach ein paar Tagen ging es den Frauen neben unserer Schlafstatt schlechter. Sie stöhnten oft laut in der Nacht. Mutter ließ uns jetzt lieber unter freiem Himmel schlafen wegen der Ansteckungsgefahr. Auch hier im Lager war Typhus ausgebrochen.

Am nächsten Tag wollte Mutter mit uns fort. Sie hatte gesehen, wie man Leute weggetragen hatte, die schwer krank waren; sie hatte gesehen, wie eine alte Frau auf einer Holzbank lag und starb, ohne daß sich jemand um sie kümmerte. Schon tot, lag sie immer noch da, von Fliegen bedeckt, allein, weit weg von ihrer Heimat.

Anna war fort. Ihre Großmutter hatte sie vom Spielen weggerufen. Ich sah sie gehen: Anna mit einem zusammengebündelten Bett und die alte Frau mit dem Rucksack auf dem gebeugten Rücken. Annas Mutter war von russischen Soldaten erschossen worden.

Mutter wollte weg von hier und mit uns in einen abseits gelegenen Ort fahren, weg von den großen Durchgangsstätten für Flüchtlinge.

Wieder fuhren wir in überfüllten Zügen. Schließlich kamen wir in eine kleine Stadt im Erzgebirge. Dort gab es eine Schule, in der wir zunächst mit anderen Vertriebenen wohnen konnten. Wohnen, das konnte man gerade nicht sagen, aber bleiben, das wäre das richtige Wort. Die Klassenräume waren leergeräumt. Wir lagen auf dem blanken Fußboden in der Nacht. Nur für die alten Leute gab es einige Matratzen.

Tagsüber durften wir Kinder draußen spielen. Draußen, das waren Wiesen und Wege bis hin zum Waldrand, wo es Himbeeren gab, wo gelbe Schmetterlinge auf den Blüten saßen. Draußen, das war fort von den vielen Gesichtern, den vielen Fremden, die traurig und hoffnungslos aussahen oder die ständig aufgeregt über ihre Vertreibung sprachen. Draußen, das war warme Sommerluft wie in Prausnitz.

Wenn ich im Gras lag und die Augen schloß, konnte ich denken, ich liege zu Haus auf der Wiese hinter dem »Sudan«.

Schön wars da. Manchmal wurden wir von Kindern aus dem Ort beguckt. Dann standen sie um uns herum, starrten uns an, als wären wir ganz anders als sie, sie sagten jedoch nichts. Wenn sie weggingen, liefen wir ihnen in einiger Entfernung nach. Einmal hörte ich, wie ein Mädchen zu ihrer Mutter in die Küche hineinrief. »Mutter, krieg ich 'ne Bemme?« Nach einer Weile reichte ihr eine Hand ein Butterbrot aus dem Fenster. Das war also die Bemme, eine Scheibe Brot, zu der wir Schnitte sagten. Als ich das Brot sah, bekam ich fürchterlichen Hunger darauf. Ich faßte mir ein Herz und sagte zu dem Mädchen: »Du, kann ich auch eine kriegen?« Das Mädchen rief wieder: »Gibst du dem Flichtling auch eine Bemme?« Und von drinnen kam es: »Nee, für die Flichtlinge habn wa geene.« Das Mädchen sah mich an und schüttelte den Kopf. Dann brach sie mir von ihrer Bemme ein Stück ab, und ich teilte das Stück noch mal mit Christl. Wir kauten alle drei und lachten uns an.

»Du bist ein Flichtling«, sagte Christl zu mir und lachte.

»Mag deine Mutter keine Flichtlinge?« fragte ich das Mädchen und gab mir dabei große Mühe, das Wort Flüchtlinge so auszusprechen, wie sie es tat.

»Nee, die mag sie nicht, sie sagt, die schleppen Wanzen und Typhus an und essen uns alles weg.«

Wir hatten das Brotstück aufgegessen und wußten nicht mehr, was wir sagen sollten. Ich ging mit Christl zurück zur Schule.

»Ob die uns hier alle nicht mögen?« fragte ich Christl.

»Ich weiß nicht«, sagte sie, »aber das Mädchen war nett zu uns«.

Wir erzählten Großmutter, was wir erlebt hatten. Sie regte sich sehr darüber auf. »Erstens sind wir keine Flüchtlinge, sondern aus der Heimat Vertriebene, und zweitens sind wir saubere Leute«, sagte sie aufgebracht. Großmutter legte überhaupt großen Wert darauf, zu sagen, daß wir nicht freiwillig geflüchtet waren, sondern daß wir von den Tschechen ausgewiesen und aus dem Land vertrieben worden seien.

Auch in der Schule im Erzgebirge verbreitete sich der Typhus. Wieder einmal machten wir uns auf, um weiter ins Land hinein zu fahren.

Der Abschied von dem sonnigen Waldrand fiel mir schwer. Da, bei dem Duft in der Wiese und bei den gelben Schmetterlingen wäre ich gerne geblieben. Und mit dem Mädchen mit der Bemme hätte ich mich bestimmt angefreundet.

Unterwegs
Großmutter wird krank, Mutter wird stark
Eine Bleibe im Lager

Es waren noch viele Bahnhöfe, auf denen wir saßen, schliefen, aßen und warteten.

Es waren noch viele Bahnhöfe, auf denen Mutter eine Nachricht für Mariechen und Vater schrieb und die Zettel an den Bahnhofswänden befestigte, an denen schon viele andere Nachrichten von den Flüchtlingen hingen, die ihre Verwandten suchten.

Die Bahnhöfe rochen nach Schweiß, nach Kohle und Staub und nach den vielen Menschen. Wir hatten immer Durst.

Mutter wurde nie müde, etwas zu trinken oder zu essen für uns aufzutreiben. Wassersuppe, Wasserkakao, Pfefferminztee, Haferflockensuppe, manchmal ein Stück Brot.

Mutter erschien uns so stark. Sie machte uns Mut, wenn wir weinten und müde waren, sagte, daß es bestimmt bald besser würde und daß sie glücklich sei, alle ihre Kinder bei sich zu haben.

»Ihr seid meine Schätze«, sagte sie oft, und »Mariechen ist ein großes Mädchen, sie wird den Weg schon zu uns finden.«

Ich sah aber, wie sich Mutters rundliches Gesicht veränderte, wie es immer länger wurde und wie ihre Augen aus dunklen Höhlen heraussahen. Ihr Haar war jetzt strähnig und glatt. Doch ihre Stimme klang so wie immer, klar und ruhig. In ihrer Nähe fühlte ich mich immer sicher.

Aber Großmutter wurde krank. Sie bekam einen juckenden Ausschlag am ganzen Körper und hatte Fieber. Das Federbett brauchte sie jetzt nachts für sich allein.

Wenn es auf den Bahnhöfen abends kühl wurde, zogen wir Kinder alle warmen Sachen über, die wir mithatten, bevor wir unseren Kopf auf den Rucksäcken zum Schlafen niederlegten. Für mich hatte Mutter einen blauen Wollpullover eingepackt, den sie früher zum Schlittschuhlaufen angezogen hatte. Er war mir viel zu groß, fast wie ein Kleid, meine Hände versanken in den Ärmeln. Er war so schön warm und weich.

Mit unserer kranken Großmutter konnten wir nicht mehr weiterfahren. Wir wußten sowieso nicht, wohin. Erschöpft lag sie auf ihrem Federbett am Bahnsteig der kleinen Stadt Gößnitz in Thüringen. Mutter überlegte, was wir machen sollten. Das Krankenhaus war überfüllt, und vor den Wartezimmern der Ärzte standen lange Menschenschlangen. Zu viele waren auf der langen Reise ohne Hoffnung auf ein richtiges Zuhause krank geworden.

Nur mit einer Aufenthaltsgenehmigung durften wir länger in Gößnitz bleiben, aber die bekamen wir nicht, weil auch Gößnitz überquoll von Vertriebenen und Flüchtlingen. Und eine Familie mit drei Kindern wollte niemand mehr aufnehmen.

Wenn Mutter von ihren Gängen aus der Stadt zurück auf den Bahnhof kam, sah sie traurig aus. Manchmal hatte ihr jemand ein Brot oder Kartoffeln geschenkt. Wir waren froh, daß wir etwas zu essen hatten, aber wie lange sollte es noch so weitergehen? Wir brauchten einen sicheren Platz zum Schlafen, ein Dach über dem Kopf, etwas Schutz.

In der Not hatte Mutter eine Idee. Sie ging zu einem Rechtsanwalt in der Stadt, weil sie meinte, ein Berufskollege ihres Mannes könne vielleicht helfen, auch wenn sie sich nicht kennen. Als sie wiederkam, machte sie ein frohes Gesicht. »Ich habe einen guten Menschen gefunden, er sagte, ich helfe, wenn ich helfen kann. Ich habe ihm alles erzählt: daß wir Mariechen in Neustadt zurücklassen mußten und daß du krank bist, Großmutter, und daß ich mit euch schon seit Wochen von einem Bahnhof zum anderen fahre, ohne eine Bleibe zu finden.«

Mutter erzählte, wie der Rechtsanwalt mit dem Bürgermeister telefoniert habe, und wie sie dann endlich etwas für uns gefunden hätten. Wir könnten in einem Lager einige Zeit bleiben, wenigstens so lange, bis Großmutter wieder gesund sei.

Wir packten also unsere Sachen zusammen und gingen zum Lager. Christl schob den Kinderwagen, weil Mutter Großmutter stützen mußte. Nur langsam kamen wir voran. Wir überquerten einen Fluß auf einer Brücke und liefen dann auf einem staubigen Weg zwischen Schrebergärten auf ein Haus zu, das am Rande einer Wiese an der Biegung des Flusses stand. Es sollte unsere Bleibe für die nächsten Wochen werden.

»Sie sind die Frau mit den drei Kindern und der kranken Mutter? Na, dann kommen Sie mal mit.« Ein Mann mit freundlicher Stimme ging vor uns die Treppe hinauf.

»Eigentlich haben wir ja gar keinen Platz mehr, aber ich glaube, die Leute in diesem Zimmer können noch etwas zusammenrücken«, sagte er und öffnete im oberen Stockwerk eine Tür. Drinnen saßen ungefähr zwanzig Menschen, alte Leute, Frauen und Kinder, sie saßen auf Strohsäcken, die auf der Erde nebeneinandergereiht lagen.

»Ihr müßt noch mehr zusammenrücken, die fünf hier können nicht mehr weiter«, sagte der Mann, dann ging er.

Die Frauen schoben die Strohsäcke, zwischen denen so schon kaum Platz zum Durchgehen war, so nah wie möglich zusammen. Drei Strohsäcke für uns paßten dazwischen. Das waren ab jetzt unsere Betten. Die Rucksäcke stellten wir ans Kopfende. Großmutter legte sich gleich nieder und verkroch sich ganz unter ihrem Federbett.

Mutter holte uns erst mal in den Waschraum. Dort konnten wir uns seit Wochen das erstemal wieder richtig waschen. Das kühle Wasser auf der Haut tat gut.

Schon als wir in das Haus hineingegangen waren, hatte ich viele Kinder gesehen, die überall spielten. Mutter ließ mich zu ihnen hinunter. Draußen war es toll. Ich durfte gleich mit ihnen Verstecken spielen, um das Haus herum und im hohen Gras der Wiese. Ich kannte kein Kind mit Namen, aber das machte nichts, wir schlichen uns an, wir krochen durchs Gras und wir balgten uns. Die großen Jungen hatten bald heraus, daß ich ganz schnell rennen konnte, und darum wählten sie mich immer in ihre Gruppe. Wenn Mutter mich nicht gerufen hätte, wäre ich noch lange draußen geblieben.

Oben gab es Kartoffeln mit Kümmel und Salz. Das sollte für die nächste Zeit unser Hauptgericht bleiben.

Allmählich legten sich die Leute in unserem Zimmer schlafen. Wir legten uns auch, eng zusammengedrückt, auf die drei Strohsäcke. Der Geruch von trockenem Stroh und Desinfektionsmittel zog mir in die Nase. Das Stroh piekte durch mein Hemd hindurch.

»Christl, piekt's dich auch so?« fragte ich sie.

»Ja, überall«, sagte sie.

Sie hatte mit den Fingern ein Loch in den Strohsack gebohrt und holte einen Strohhalm nach dem anderen heraus. Ich begann auch zu bohren, doch noch ehe ich einen Halm herausziehen konnte, erschreckte mich eine Stimme. »Wollt ihr wohl damit aufhören, wir sitzen dann wieder tagelang und nähen die Löcher zu.«

Meine Nachbarin, eine Frau mit dünnen grauen Haaren und Zahnlücken, hatte mit uns geschimpft. Obwohl sie recht hatte, mochte ich nicht mehr neben ihr liegen. Aber ich wagte nichts mehr zu sagen und blieb mucksmäuschenstill, drückte mich an Christl und sah nicht mehr zu meiner Nachbarin hinüber.

»Kommst du morgen mit mir zum Fluß?« fragte ich leise Christl.

Aber sie war schon eingeschlafen.

Das Lagerleben gefiel mir. Es hätte immer so weiter gehen können. Frühmorgens lief ich hinunter zu den anderen Lagerkindern und blieb den ganzen Tag über draußen. Ins Haus kam ich nur zu den Mahlzeiten. Wie gut, Großmutter ging es besser. Seit sie wieder gesund war, konnte Mutter auf Arbeitssuche gehen. Denn wer Arbeit hatte, durfte länger am Ort bleiben. Das war wichtig – jetzt, wo der Herbst kam.

Die Gößnitzer waren gut zu uns. Wenn wir mit Mutter unterwegs waren, kam es vor, daß uns Fremde ansprachen, ob wir etwas zum Anziehen brauchten. Dann nahmen sie uns mit in ihre Wohnung und suchten in ihren Schränken etwas Passendes für Mutter oder für uns Kinder. Einmal schenkte uns eine Frau weiße Strickjacken, auf denen hübsche bunte Blumen aufgestickt waren. »Noch von meinen Mädchen, als sie so alt waren wie ihr«, sagte die Frau. Und ich sah richtig, wie sie sich freute, daß uns die Jacken so gut paßten.

In einer Mützenfabrik fand Mutter Arbeit. Sie mußte nun täglich acht Stunden lang Stoffteile bügeln, die später zu Mützen zusammengenäht werden sollten.

Auch für uns gab es eine Veränderung, seit Mutter für Lohn in der Fabrik arbeitete. Christl und ich wurden eines Tages aufgefordert, uns in der Schule anzumelden.

Das freie Leben am Fluß, in der Wiese und im wilden Gelände nahm für uns ein jähes Ende.

Der tägliche Schulweg war weit. Er führte am Bahndamm entlang, vorbei am Bahnhof und weiter durch viele Straßen. In der Schule mußte ich mich von Christl trennen. In meinem Klassenraum war es gedrängt voll. Oft mußte ich sogar stehen, weil ich keinen Platz mehr bekam. Einige Kinder saßen auch auf den Fensterbänken. Ich glaube, die Lehrerin, eine alte, weißhaarige Dame, wußte gar nicht, was sie mit so vielen Kindern anfangen sollte. Viele von uns hatten ja nicht einmal etwas zum Schreiben, keine Schiefertafel, kein Heft, keine Stifte. Darum sang sie meistens mit uns Lieder oder las uns Geschichten vor.

Das einzig Gute an der Schule war für mich die Schulspeisung.

Jedes Kind hatte einen kleinen Topf dabei, der in den Pausen mit Malzkakao oder mit Milchsuppe gefüllt wurde.

Als Mutter das erste Geld für ihre Arbeit bekam, kaufte sie uns eine Schiefertafel und Griffel und nähte Christl und mir ein Stoffsäckchen, in dem wir unsere Schulsachen unterbringen konnten.

Bald kannte ich ein paar Kinder, die den gleichen Schulweg hatten wie ich. Auch Walter war dabei. Walter hatte immer gute Ideen. Zum Beispiel, wie er den Lastwagenfahrer fragte, ob er uns ein Stück zur Schule mitnehmen wolle, oder wie er uns auf dem Schulweg einen Garten zeigte, in dem wir Äpfel pflücken konnten, ohne von den Besitzern entdeckt zu werden.

»Heute gehe ich nicht zur Schule«, sagte er einmal zu mir. Er versteckte den Topf für die Schulspeisung am Bahndamm.

»Laß deine Sachen auch hier, Liese«, sagte er, »oder traust du dich nicht?«

»Was willst du denn machen?« fragte ich ihn.

»Ich gehe zum Bahnhof, da gibt's immer was zu sehen«, gab er zurück.

Ich versteckte nun auch meinen Topf und den Schulbeutel neben Walters Sachen im hohen Gras und blieb mit ihm hinter den anderen Kindern zurück. Als die Schulkinder ein Stück voraus waren, zog Walter mich fort zum Bahnhof.

Die Gerüche und Geräusche erkannte ich wieder, lang genug hatte ich ja mit ihnen gelebt. Wir schlenderten durch die Halle und über den Bahnsteig, der noch genauso voll von wartenden Menschen war wie vor ein paar Wochen. Ein Zug lief ein. Wir wurden zur Seite geschubst, Menschen drängten sich an uns vorbei. Ich nahm Walters Hand, um ihn nicht zu verlieren. Wir starrten auf die Menschenmassen, die ausstiegen oder sich in den Zug hineindrängten. Als der Zug zischend und stampfend losfuhr, sagte Walter: »Er war nicht dabei.«

Mittags gingen wir zum Bahndamm zurück und holten unsere versteckten Sachen hervor. Der Magen knurrte. Uns fehlte das warme Essen.

Im Lager fragte niemand, wo wir gewesen waren.

Auch die nächsten Tage gingen wir zum Bahnhof. Jedesmal, wenn ein Zug einlief, zog mich Walter an den Bahnsteig. Er suchte jemanden. Immer, wenn ein Zug abfuhr, fragte ich ihn: »War er wieder nicht da?«

»Nein«, sagte er dann.

So ging es noch einige Male. Doch eines Tages sagte er auf dem Schulweg plötzlich: »Er kommt nicht mehr, Günter ist weg, die Russen haben ihn mit dem Gewehrkolben aus dem Zug gestoßen. – Mutter sagt, ich sähe Günter ähnlich, aber er sei viel größer.«

Wir gingen den Weg weiter zur Schule. Ich sagte auch nichts mehr vom Bahnhof.

Heute hatten wir Malen. Walter und ich malten unsere Schiefertafel voll mit Menschen auf einem Bahnhof. Als die Lehrerin zu uns kam, schaute sie auf die Bilder, nahm die Brille ab und lächelte uns an. »Das ist der Bahnhof«, sagte ich zu ihr.

»Gut habt ihr gemalt, wie schön, daß ihr nicht mehr weiterfahren müßt und daß das Leben auf dem Bahnhof für euch zu Ende ist.«

Ich sah Walter an. Wir sagten nichts.

Hatte sie bemerkt, daß wir tagelang nicht in der Schule gewesen waren? Auf alle Fälle hatte sie jetzt Walter und mich richtig wahrgenommen, und wir waren froh darüber.

»Liese, wo treibst du dich so lange noch herum?« Großmutter rief mich. Mutter hatte gerade einen Topf voll dampfender Kümmelkartoffeln in den Schlafraum getragen, der zugleich auch der Eßraum seiner Bewohner war. Ich wartete im Flur oben hinter dem Treppengeländer auf eine Frau, der ich auf den Kopf spucken wollte. Sie sollte natürlich nicht merken, daß ich es war. Ich wollte sie ärgern, weil sie immer mit uns Lagerkindern so schimpfte. Kein Kind mochte sie leiden.

Unten wurde die Eingangstür geöffnet. Hinter der Frau betrat ein Mann in abgetragener Soldatenuniform den Flur. Er trug eine Brille – wie, ja – wie Vater, er hatte ein schmales Gesicht, wie Vater.

»Können Sie mir sagen, wo hier Frau K. wohnt?« hörte ich ihn fragen.

»Das ist Vater«, schrie ich und rannte in unseren Schlafsaal, rief es Mutter zu, Großmutter, Christl und Wolfgang. Sie kamen heraus. Sie lagen sich in den Armen.

Vater hob mich an sein Gesicht, seine Wangen kratzten mich. Er sah viel dunkler und dünner aus, als ich ihn in Erinnerung hatte.

Nachdem er uns alle im Flur an sich gedrückt hatte, zeigte Mutter ihm unsere Schlafstatt...

Ich drehte mich noch mal nach der Frau im Flur um. Sie stand noch da und schaute nach oben zu mir: »Du kannst dich freuen, du hast deinen Vater wieder.«

Ich lief zu den anderen hinein. Sie saßen schon auf den Strohsäcken, Mutter teilte die Kartoffeln aus.

Unsere Familie war wieder zusammen, alle waren sie da.

Vater erzählte, wie er nach Kriegsende an die tschechische Grenze gefahren war, wie ihn dort die Flüchtlinge und die Vertriebenen gewarnt haben, in die Tschechoslowakei hineinzufahren, wie sie ihm sagten, daß alle Deutschen vertrieben worden seien, wie er dann in Dresden am

Bahnhof Mutters Nachricht an der Wand gefunden habe, wie er in russische Gefangenschaft geraten sei, wie er wieder befreit wurde, wie er uns gefunden hat.

Ich wußte, nun war alles gut. Mit Vater würden wir auch Mariechen wiederfinden. Mit Vater würden wir auch wieder eine Wohnung bekommen, ein Zuhause mit einer Küche und einem richtigen Herd.

Teil II

Die Grenze – ich habe sie gespürt!
1945–1950

Herbst 1945
Mit dem großen Strom der deutschen Flüchtlinge und Heimatvertriebenen aus dem Osten in einem Haus in Thüringen einen Unterschlupf finden

Der schwarze, gußeiserne Ofen strahlt Hitze aus, bis hoch ins silbern angemalte Knierohr, das auf halber Zimmerhöhe in der Wand verschwindet. Vorsichtig öffne ich mit dem Haken die Ofentür, rote Koksglut strahlt mir entgegen. Mein Gesicht wird ganz heiß. Schnell schließe ich das Türchen wieder, ringle mich auf dem Boden vor dem Ofen wie eine Katze zusammen. Wenn ich schnurren könnte, würde ich jetzt ganz tief schnurren, so gemütlich warm wird mir.

Sie haben mich raufgeschickt, weil ich unten im Flur von Nielsens so gefroren habe.

»Geh hoch und setz dich vor den Ofen, sonst wirst du noch krank«, hat Mutter gesagt.

Mutter und Großmutter stehen jetzt noch unten im Flur. Sie reden so viel und schon so lange über all das, was sie in den letzten Wochen erlebt haben, reden im Stehen im kalten Flur und finden immer noch etwas zum Erzählen.

Frau Nielsen könnte uns ja auch in ihre geheizte Küche hereinholen. Aber solange wir hier wohnen, hat sie es noch nicht getan. Wegen Carla, ihrer kranken Tochter. Carla, die immer mit einer Wäscheklammer herumspielt und lallt und sabbert, obwohl sie schon vierzehn Jahre alt ist. Carlas Platz ist in der Küche, und Frau Nielsen will nicht, daß Fremde sehen, daß wegen Carla nicht immer alles ordentlich ist.

Heute vormittag habe ich Carla gesehen. Sie lief im Garten herum und lachte laut, immerzu. Erst habe ich mich hinter einem Baum versteckt und ihr zugesehen, wie sie die Holzklammer zwischen ihren Fingern turnen ließ, nie fiel die Klammer herunter. Carla tut euch nichts, aber wenn ihr sie ärgert, schlägt sie zu, hatte Frau Nielsen bei unserem Einzug vor zwei Wochen gesagt.

Als Carla mir den Rücken zukehrte, hob ich schnell einen Apfel von der Wiese auf. Das ist eigentlich verboten, denn alle Äpfel im Garten gehören Nielsens. Ich biß in den Apfel hinein, aber er hatte ein dickes Wurmloch. Aus sicherer Entfernung warf ich ihn vor Carlas Füße. Ob sie mich entdeckt? Ob sie böse wird? Aber sie ist weitergegangen, hat mich nicht gesehen, hat nicht mal hingeguckt, wie der Apfelgripsch vor ihre Füße geflogen ist.

Nun trommelt Regen ans Fenster. Die Wiese um das Haus ist jetzt wohl wie ein nasser Schwamm. Draußen liegen keine Äpfel mehr; Witte, Frau Nielsens Sohn, hat alle aufgehoben und ins Haus getragen. Der Sturm hatte die Äpfel gestern von den Zweigen gerissen, und niemand läßt in dieser Zeit Äpfel auf der Wiese liegen.

Ich stütze das Kinn auf die braungestrichenen Fußbodenbretter. Wo sie aneinanderstoßen, bilden sie dunkle Linien. Ich sehe an ihnen entlang bis hinten an die Zimmerwand. Unterm Fensterbrett sind dunkle Flecken. Sie sehen aus wie große Schmetterlinge und glänzen vor Feuchtigkeit, denn bis dorthin reicht die Ofenwärme nicht.

Mir macht das nichts aus, ich finde die Schmetterlinge schön. Aber Mutter mag sie nicht.

»In den feuchten Räumen werden wir alle noch krank«, sagt sie.

Im Schlafzimmer nebenan gibt es keinen Ofen, dort sind alle Wände feucht. Seit es draußen kühler geworden ist und oft regnet, fängt die Tapete sogar schon an zu schimmeln.

Wir hatten uns die Wohnung viel schöner vorgestellt, als Vater von ihr erzählte.

»Wir werden zwei Räume ganz für uns allein haben«, hatte er gesagt, »nachmittags scheint sogar die Sonne hinein, und ein paar Möbel will uns Frau Nielsen auch noch geben.«

Als Vater das sagte, saßen wir auf den Strohsäcken im Flüchtlingslager, mit vielen anderen Flüchtlingen zusammen in einem Raum. Dort wohnten wir seit diesem Sommer, dort hatte unsere unfreiwillige Irrfahrt und Vertreibung aus unserem Heimatdorf in der Tschechoslowakei ein vorläufiges Ende gefunden. Dort hatte uns auch Vater endlich wiedergefunden. Er war Soldat gewesen und hatte uns bei Kriegsende überall gesucht. Er wußte ja, daß wir aus unserem Heimatdorf vertrieben worden waren. Auch er hätte nicht mehr dorthin zurückkehren dürfen. Nun lebten wir im Lager, meine Eltern, meine Großmutter und wir Geschwister, Christel, Wolfgang und ich. Zuerst einmal waren wir froh, daß wir nicht mehr weiterfahren mußten, mit anderen Heimatvertriebenen zusammen in überfüllten Zügen. Wir waren froh, daß wir nicht mehr auf den Bahnhöfen schlafen mußten, wie wir es so oft getan hatten seit unserer Vertreibung. Doch nun war es schwer für Vater und Mutter, eine Wohnung zu finden.

Wir sind ja nur eine einzige Familie unter fünfzehn Millionen Flüchtlingen und Heimatvertriebenen. So viele wurden nach dem Zweiten Weltkrieg aus den deutschen Gebieten jenseits der Oder-Neiße-Linie ausgewiesen. Und alle suchen eine Bleibe, eine Wohnung, in den vier von den Siegermächten besetzten Zonen in Deutschland. Die Wohnungsnot ist auch deshalb so groß, weil viele Menschen ihre Häuser durch Bombenangriffe verloren haben und obdachlos geworden sind. So hat es uns Vater immer wieder erklärt.

»Wir müssen alle für den Krieg, den wir begonnen haben, bezahlen«, sagt er.

Wir wohnen jetzt in Gößnitz, in Thüringen, und das liegt in der von den Russen besetzten Zone. Vater, Mutter und Großmutter waren froh, daß sie das Lager verlassen konnten, wie überhaupt jeder froh war, wenn er da wieder herauskam.

Aber für mich hieß es Abschied nehmen, Abschied

von meinen neuen Freunden, den vielen Lagerkindern, zu denen ich gehörte.

Wir hatten am Nachmittag zusammen in den Wiesen am Fluß und im seichten Wasser gespielt. Wir hatten eine Geheimsprache, ich kannte hier alle Verstecke, kannte unsere gemeinsamen Spiele. Ich weiß noch, wie wir lachten, als wir mit ganz kurz geschnittenen Haaren über die gemähten Wiesen rannten. Das war, als wir alle im Lager Kopfläuse hatten und gemeinsam entlaust wurden. Wir sahen so ulkig aus, und es dauerte eine ganze Weile, bis uns die Haare wieder gewachsen waren.

Ich wollte bei den Kindern bleiben.

Schließlich aber hatte mich die Freude der Großen auf eine eigene Wohnung doch angesteckt.

Am Umzugstag luden wir die Rucksäcke und etwas geschenktes Geschirr auf einen geborgten Leiterwagen, zogen ihn durch die Stadt und schließlich den Pfarrberg hinauf. Die Strohsäcke mußten wir im Lager zurücklassen, sie gehörten uns nicht. Alles, was wir besaßen, ging leicht auf den Leiterwagen drauf, es war nicht viel.

In den beiden Zimmern, die jetzt unsere Wohnung wurden, standen bereits ein runder Tisch, ein kleines Sofa und ein paar Stühle. Die Räume lagen in einer alten Villa, die eigentlich ein Einfamilienhaus war. Nielsens hatten mehrere Zimmer an Flüchtlinge abgeben müssen. Sie kommen sich sehr großmütig vor, daß sie uns auch noch die Möbel überlassen haben, und erwarten nun von uns, daß wir dankbar und rücksichtsvoll sind.

»Macht ja keinen Kratzer auf die Möbel! Schieb den Stuhl nicht so laut!« sagt Mutter mehrmals am Tag angstvoll, »Frau Nielsen beklagt sich sonst wieder, daß bei ihr unten die Lampe wackelt, seitdem wir da oben wohnen. – Nur ja nicht auf das Sofa klecksen! Die Möbel gehören nicht uns!«

Mutters mahnende Worte machen mir die Wohnung nicht gemütlicher. Sie will, daß wir niemandem zur Last fallen, daß Nielsens von uns drei Kindern einen guten

Eindruck bekommen. Mutter hat Angst, daß sie die geborgten Gegenstände einmal beschädigt zurückgeben muß, weil wir kein Geld haben, sie zu ersetzen.

Ich höre draußen eine Tür klappen, dann ein paar Schritte, laut rauscht ein Wasserstrahl in einen Blechkübel. Jemand ist zu dem einzigen Wasserhahn im oberen Stockwerk der Villa gegangen.

Ob das Herr Hals ist oder seine Frau Luise? Sie sind auch Flüchtlinge, aus Schlesien, und wohnen im Zimmer neben uns. Herr Hals ist ein freundlicher Mann, manchmal holt er mich in sein Zimmer, dann zeigt er auf die Zimmerwände und sagt: »Siehst du, Liese, wir haben alles, uns fehlt es an nichts, und wenn Luise doch noch einen Wunsch hat, wird er sofort erfüllt. Von mir höchstpersönlich.«

Dabei lacht er und zwinkert mit den Augen. In Wirklichkeit sind nur zwei Stühle, ein Bett, ein Koffer, eine Kleiderstange und ein Ofen im Zimmer.

Alles andere gibt es zwar, aber nicht zum Gebrauch. Die Sachen sind mit braunen Pinselstrichen an die Wand gemalt. An der Wand über dem echten Bett sieht man ein gemaltes Regal mit Tellern, Krügen und Tassen; neben dem Ofen, über und unter dem quer über die Wand laufenden Ofenrohr gibt's Pfannen mit Gesichtern und Beinen. Die Pfannengesichter sehen sehr lustig aus.

»Vielleicht bekomme ich noch mal ein schönes Rot«, sagte Herr Hals neulich, »dann male ich noch ein Blumenmuster auf die Tassen für Luise.«

Herr Hals hat nämlich nur einen Farbtopf mit brauner Farbe.

Ich finde seine Bilder schön und möchte auch in einem so lustig bemalten Zimmer wohnen. Auf unsere Tapeten dürfen wir aber nichts draufmalen, Mutter meint, sie hätten noch ein richtiges Muster, das man erkennen kann.

Die Tür draußen wird wieder geschlossen. Auf der Treppe werden jetzt Schritte laut. Sie kommen hoch. Mutter öffnet die Zimmertür. Sie trägt meinen Bruder

Wolfgang auf dem Arm, Christl und Großmutter kommen nach.

»Was machst du denn auf dem Fußboden, Liesel? Steh schnell auf, so erkältest du dich noch mehr«, ruft Mutter erschrocken.

Aber mir ist ganz warm. Ich stehe von meinem warmen Platz vor dem Ofen auf und renne aufs Klo hinunter. Das einzige Klo für alle Untermieter in der Villa ist unten im Keller. Dort sitze ich lange und denke an Herrn Hals, an die gemalten Sachen an der Wand und an Luise, die immerzu raucht.

Plötzlich klopft es laut an die Tür. Ich soll endlich rauskommen und nicht so lang das Klo besetzt halten. Draußen steht Nielsens Witte. Wie ich schnell an ihm vorbeirennen will, stellt er mir ein Bein. Dafür strecke ich ihm die Zunge raus.

»Ich krieg dich schon noch!« ruft er mir nach.

Ich hab Angst vor Witte, er fühlt sich als Hausbesitzerssohn. Vielleicht will er mich hauen. Er ist zwölf und viel größer als ich.

Ich glaube, er kann mich nicht leiden.

Winter 1945

Was der Mensch besitzt, was ihm geblieben ist nach dem Krieg, wird in diesem Winter wichtig

---

Auf dem vereisten, ausgetretenen Feldweg liegt Schnee. Wir wollen zur Straße hinüber, dann auf ihr entlanggehen bis zum Bäckerhaus und um die Ecke in den Pfarrberg einbiegen. So kommen wir am schnellsten nach Haus. Ohne viel zu reden, laufen Christl und ich den Feldweg entlang. Christls Schuhe drücken vor mir hübsche Streifenmuster in den Schnee.

Meine Schuhe machen das gleiche Muster, nur ist die Sohle kürzer. Ich bleibe stehen und trete noch viele

Schuhsohlensterne mit gestreiften Zacken in den Schnee dazu.

»Komm, Liesl«, ruft Christl, »jetzt bist du mal dran.« Christl stellt die große Stofftasche auf den Weg, hüpft weiter und ist froh, daß sie die Tasche los ist.

Ich möchte gern noch mehr Muster mit den schwarzen neuen Schnürstiefeln in den Schnee treten. Ich habe sie erst seit zwei Tagen. Mutter hat lange im Rathaus in der Schlange gestanden, bis sie den Bezugschein dafür bekam. Es hieß schon, es gibt keine Kinderstiefel mehr, und ich hatte doch nur noch die durchgelaufenen Sommerschuhe, in denen die Strümpfe vorn so schnell naß wurden.

»Komm«, ermahnt mich Christl wieder, »es wird bald dunkel.«

Sie ist mir schon weit voraus.

»Warte auf mich, du bist gemein!« Laut ruf ich's durch die Schneeflocken.

»Ich will mein neues Buch lesen«, gibt sie zurück und rennt noch schneller.

Ich renne ihr nach. Mit einer Hand halte ich die neue Puppe, mit der anderen die Tasche.

Jetzt ist die Tasche leicht. Auf dem Hinweg mußten wir sie zu zweit tragen, weil sie so schwer war. Bis oben hin war sie mit Briketts gefüllt. Die schickte Mutter dem Fräulein Liebig. Meine alte Lehrerin, Fräulein Liebig, hat nämlich keine Kohlen mehr. Kohle ist knapp in der ganzen Stadt, es kommen keine neuen Lieferungen in diesem ersten Winter nach dem Krieg. Fräulein Liebig muß zu Hause in ihrer Wohnung frieren, und sie hat doch Rheumatismus.

»Heimatvertriebenen- und Flüchtlingskindern wollen wir alle helfen, nicht wahr?« hat sie vorige Woche vor der Klasse gesagt.

In meiner Klasse sind ungefähr die Hälfte der Kinder Gößnitzer, oder sie kommen aus den Dörfern in der Umgebung von Gößnitz. Die andere Hälfte sind Flüchtlinge und Heimatvertriebene, wie ich eine bin. Sie sind oft viel größer und auch älter als die Gößnitzer Kinder, manche sind schon neun Jahre alt und müssen noch einmal in die erste Schulklasse gehen.

Fräulein Liebig hat uns erklärt, daß viele Kinder während des Krieges gar nicht zur Schule gehen konnten und deshalb wieder alles vergessen haben, was sie schon einmal gelernt hatten. Es sei besser, sie wiederholten noch einmal von Anfang an gründlich.

Von Tag zu Tag wird unser Klassenzimmer voller. Es kommen immer noch Kinder von Vertriebenen dazu. Manche müssen auf den Fensterbänken sitzen, weil nicht genügend Bankplätze da sind. Die neuen Kinder sehen oft sehr mager und müde aus, ihre Kleider sind überall gestopft und geflickt, und die Arme gucken weit aus den viel zu kurzen Jackenärmeln heraus. Sicher durften sie, genau wie wir im vergangenen Sommer, nur wenig Gepäck auf die Flucht mitnehmen. In einen kleinen Rucksack paßt nicht viel, und die Spielsachen mußten sie wie ich zu Hause lassen.

Ich bin jetzt froh, daß wir schon eine Wohnung haben, die meisten der Flüchtlinge hausen noch immer in Lagern.

Fräulein Liebig hatte Mitleid, sie wollte, daß die Gößnitzer helfen. Ein paar Gößnitzer Kinder brachten auch wirklich in den nächsten Tagen Holzspielsachen und alte Bücher mit. Die wurden verteilt, aber es reichte nicht für alle. Auch Christl und ich gingen leer aus. Da hat Fräulein Liebig meine Schwester und mich zu sich eingeladen.

»Ich finde bestimmt noch was für euch zum Spielen«, hat sie gesagt.

Und als Dank dafür sollte sie unsere Kohle bekommen.

In unseren zwei Zimmern gibt es nicht so feine Sachen wie in Fräulein Liebigs Wohnung, aber frieren müssen wir nicht. Seit Vater in der Kohlengrube in Thräna arbeitet, haben wir genug Kohle für unseren Ofen. Vater bringt fast jeden Abend Briketts im Rucksack mit nach Haus, und manchmal verschenken wir sogar einige davon. Die Leute freuen sich dann riesig und Fräulein Liebig auch.

Wir mußten uns bei ihr auf samtene Polsterstühle setzen und Kekse essen. Nach einer Weile holte sie aus dem anliegenden Zimmer eine Puppe mit Klappaugen und ein Buch. Ich sah es schon, als die Puppe noch in Fräulein Liebigs Hand war, daß sie meine Puppe werden würde. Sie sah mich an und lächelte genau wie meine Minka zu Hause in der Tschechoslowakei. Ich merkte natürlich, daß Christl auch gern die Puppe haben wollte, aber zum Glück sagte Fräulein Liebig: »Die Puppe ist für dich, Liese, und du, Christl, bekommst das Buch, weil du schon so gut lesen kannst.«

Ich drücke den leichten Puppenkörper an mich und spüre ihn durch den Mantel hindurch. Gleich habe ich Christl eingeholt, sie ist schon auf der Straße zum Bäckerhaus. Gemeinsam biegen wir um die Ecke.

Unter dem frischgefallenen Schnee ist es rutschig. Es geht etwas bergauf. Ganz fest halte ich meine neue Minka. Sie ist schon voll Schnee, wie mein Ärmel und mein Handschuh. Ich hauche meinen warmen Atem auf die Schneeflocken, die auf ihren langen Wimpern liegen. »Minka«, sage ich leise zu ihr.

Von den schmelzenden Flocken wird Minkas Gesicht naß, sie sieht so aus, als ob sie weint. Aber schnell sind wieder neue Flocken auf ihrer Stupsnase, das sieht lustig aus. Dort, unter dem Schein der Straßenlaterne, sehe ich sie mir noch mal an. Ich kann die einzelnen Schneekristalle auf ihrem Puppengesicht erkennen.

Schneekristalle – das Wort wird in mir auf einmal ganz deutlich. Gestern abend hatte ich das Wort in einem Buch gesehen, als ich mit Vater lesen übte. In dieser Geschichte suchte ein Junge Schneekristalle. Er ging an einem klaren, frostigen Tag über die Hügel und sah sie überall glitzern.

›Nachher muß ich bestimmt die Geschichte wieder laut vorlesen, und heute habe ich noch gar nicht geübt‹, geht's mir durch den Kopf. Hoffentlich ist Vater nicht böse auf mich. Er möchte so gerne, daß ich fehlerfrei und mit Ausdruck vorlese.

»Ist es nicht schön, wie der Dichter das alles beschreibt?« sagt Vater immer wieder eindringlich zu mir, »beim lauten Lesen kann man sich alles ganz besonders gut vorstellen«, und: »Was ein Mensch gelernt hat, kann ihm niemand mehr nehmen«, fügt er manchmal noch hinzu.

Mir wird das Lesen oft langweilig. Wenn Vater das merkt, wird er traurig. »Es bedeutet so viel im Leben, wenn man Bücher als Freunde hat«, sagt er dann.

Langsam gehe ich weiter, aus dem Lichtschein der Staßenlaterne heraus. Ich schaue nur auf die Schneekristalle, die auf Minka liegen, denke an Vaters Gesicht, an das Geschichtenbuch, sehe nicht, daß ich in die Eisrille trete. Ich rutsche, kann mich nicht mehr halten, auch nicht abfangen, weil ich ja Minka und die Tasche halten muß, und schlage mit dem Kopf auf das Eis.

Es flimmert vor meinen Augen.

»So komm doch endlich, wir kriegen Schimpfe!« höre ich Christl.

Ich rapple mich auf, noch tanzen Sterne vor meinen Augen, sicher gibt's eine Beule. Christl zieht mich weiter, sie nimmt jetzt die Tasche. Wir gehen vorsichtiger, treten nur da auf, wo Schlacke auf die Straße gestreut worden ist.

Da hinten ist schon Nielsens Garten zu sehen.

Vor dem Gartentor steht ein Mann. Wir sehen nur seinen schwarzen Umriß in der Dunkelheit. Der Mann hustet. Als er sich zur Seite dreht, sehen wir, daß er einen Rucksack trägt.

»Vater!« rufen Christl und ich gleichzeitig.

»Ihr seid es, Kinder!« Er kann kaum den Husten unterdrücken. »Kommt schnell rein, es wird wieder sehr kalt heut nacht.«

Wir gehen hinter ihm durch den Garten ins Haus. Vaters Husten hört sich schlimm an. Sein Rücken unter dem Rucksack ist gebeugt. Vielleicht ist Vater heute zu müde zum Lesenüben ?

›Ach, wär' das bloß so‹, denke ich.

Im Hausflur legt er die Hand auf meine Schulter. »Was trägst du denn da, Liese?« fragt er.

»Eine Puppe von Fräulein Liebig«, sage ich und halte sie hoch.

»Schön, schön«, sagt er und muß wieder husten.

An den Rändern seiner Brillengläser sehe ich noch Kohlenstaub.

»Die habe ich für deine Briketts bekommen«, sage ich zu ihm und denke auf einmal: ›Ich werde Minka vor uns auf den Tisch setzen, sie soll die Schneekristallgeschichte mit anhören, und ich werde mit Vater so lange lesen, bis er ganz zufrieden ist.‹

Ich laufe ganz schnell die Treppe hinauf, weil ich so froh über diesen Gedanken bin. Dabei renne ich fast Luise um, die im halbdunklen Flur Wasser einlaufen läßt.

»In diesem Haus hat man keine Ruhe vor den Kindern«, murmelt sie.

Aber das ist mir jetzt gleichgültig, ich mache unsere Zimmertür ganz weit auf und rufe hinein: »Vati ist da!«

Frühsommer 1946

Kann man eine Heimat verlieren und gleich eine neue wiederfinden? Wie wird ein neues Land zur Heimat?

Sie stehen schon vor dem Gartentor und warten auf mich, Walter, Elsa und Renate. Ich renne den Gartenweg hinunter, und zu viert machen wir uns auf den Schulweg. Der Morgen ist schön, wir gehen der Sonne entgegen.

»He! Wartet auf uns!« ruft es da von hinten. Es sind Rudi und Christian aus dem Dorf hinterm Wald. Sie haben schon über eine halbe Stunde Fußweg hinter sich und holen uns jetzt ein.

Die Schule liegt unten im Städtchen, in der Nähe der Pleiße. Ich kenne den Fluß gut, er fließt am Flüchtlingslager vorbei. Bin letzten Sommer lang genug im flachen Wasser der Pleiße herumgewatet und habe Kieselsteine und andere Schätze auf ihrem Grund gefunden.

Je näher wir der Schule kommen, desto größer wird die Kinderschar. Vor dem Topfladen warten wir noch auf Herbert. In diesem Laden kann man Stahlhelme gegen Töpfe eintauschen. Die Leute geben hier die Stahlhelme ab, die sie manchmal im Wald finden. Dort hatten sie deutsche Soldaten bei Kriegsende versteckt.

Auf dem Schulhof wimmelt es schon von Kindern. Die Schulglocke schrillt laut über den Platz. Die Schüler stellen sich zwei und zwei auf. Jede Klasse hat einen bestimmten Platz. Ich gehe zur 2b und stelle mich neben Renate.

»Renate, Tomate, ich geh mir dir«, sage ich.

Renate ist kein Flüchtling, sie ist wie Elsa aus Gößnitz, und ich stehe am liebsten mit Gößnitzer Kindern zusammen.

Sie sprechen etwas anders als wir aus dem Sudetenland. Sie sagen oft: »gelle«. Das klingt komisch. Ich will genauso reden wie sie, und Mutter sagt, daß sie mich nicht mehr heraushört, wenn ich mit Gößnitzer Kindern zusammen bin.

Da fällt es mir wieder ein!

»Renate«, sage ich, »Fräulein Liebig ist ab heute nicht mehr da.«

»Mal sehen, wie die Neue ist«, antwortet Renate und setzt gleich hinzu: »Mein Vater meint, wir sollen jetzt sozialistisch erzogen werden. Das können die alten Lehrer nicht, weil sie noch aus der Nazizeit stammen.«

»Aber Fräulein Liebig war kein Nazi«, sage ich. „Ich weiß das, sie hat es zu Mutter gesagt, als ich dabeistand.«

»Schade, daß sie weg ist«, sagt nun auch Renate.

Fräulein Liebig hat sich gestern von uns verabschiedet. Jedem Kind in der Klasse hat sie die Hand gegeben, und wir sind dreiundfünfzig Kinder.

»Ich muß gehen«, hat sie gesagt, »ihr sollt von jüngeren, fortschrittlichen Lehrern unterrichtet werden. Ab morgen habt ihr eine Junglehrerin.«

Als sie dann an der Tür stand, mit ihren dünnen Rheumatismusbeinen in den Stöckelschuhen und mit der abgeschabten Aktentasche in der Hand, hätte sie fast geweint.

»Ich bin sehr traurig«, sagte sie und ging.

»Was wird das bloß für 'ne Schreckschraube sein!« ruft jetzt Herbert und reißt mich aus meinen Gedanken.

Da kommt sie schon. Sie hat streng nach hinten gekämmtes Haar, trägt eine Brille. Daß sie jung ist, kann ich an den weißen Kniestrümpfen erkennen.

Sie stellt sich vor unsere Klasse und sagt: »Ich heiße Fräulein Werner und bin jetzt eure Lehrerin.«

Mit flotten Schritten geht sie vor uns her in den Klassenraum.

Als wir alle sitzen, müssen wir die Bleistifte hochhalten. Sie geht durch die Reihen und prüft, ob sie alle gut gespitzt sind. Danach sollen wir das Schreibheft aufschlagen und das Wort »Heimatkunde« schreiben. Manche Kinder haben nur einen kleinen grauen Block mit grauem Papier; denn Schreibhefte gibt es nur wenige im Schreibwarengeschäft, und außerdem sind sie teuer.

Fräulein Werner nimmt den Zeigestock hinter der Tafel hervor und stützt sich darauf. Der Stock biegt sich unter ihrem Gewicht.

›Gleich wird er brechen‹, denke ich.

Sie sieht in die Klasse und geht dann mit dem Stock herum, als wäre er ihr Spazierstock.

»Zunächst wollen wir uns darüber unterhalten, was Heimat ist. Denkt nach und sagt mir, was ihr von eurer Heimat wißt.«

Ein paar Gößnitzer Kinder melden sich und sagen, daß ihre Heimat hier in Gößnitz sei.

Jetzt meldet sich Rotraud. »Meine Heimat war in Ostpreußen, wir mußten nach dem Krieg vor den Russen flüchten, und seitdem haben wir keine Heimat mehr.«

Nach Rotraud melden sich nun auch die anderen Flüchtlingskinder. Sie erzählen von ihrer Heimatstadt oder von ihrem Dorf, weit weg von hier, erzählen, daß Polen, Russen oder Tschechen sie vertrieben haben.

Als Willi mit den dicken Brillengläsern sagt: »Ich möchte wieder zurück in meine Heimat, da war alles viel schöner«, klopft Fräulein Werner mit dem Stock laut auf.

»So, jetzt reicht's aber, ihr könnt doch nicht immer eurem Dorf und eurer Stadt im Osten nachtrauern; ihr müßt hier einen neuen Anfang machen.«

Fräulein Werner steht vorn, während sie das alles in die Klasse hineinsagt.

»Nun paß mal auf«, fährt sie fort, »wenn du nach der Schule Hunger hast, wo gehst du dann hin?« Sie zeigt auf Rotraud.

»Nach Hause«, sagt diese, ohne lange zu zögern.

»Siehst du, du sagst es selbst, du gehst nach Hause, und das ist hier in Gößnitz, wo deine Mutter ist. Und wenn du müde bist, wohin gehst du dann?« wieder zeigt sie auf Rotraud.

»Nach Hause«, sagt diese wieder.

»Na siehst du, und keiner würde so etwas Dummes machen und zum Essen oder Schlafen zurück nach Ostpreußen gehen.«

Ein paar Kinder lachen. Ich nicht, und Willi guckt böse nach vorn.

»Also, ich glaube, es ist nun klar, wo eure Heimat ist. Sag es noch einmal laut, du da!«

Sie zeigt wirklich auf mich, mit dem Zeigestock, weil ihre Hand nicht bis zu mir reicht. Ich weiß, wo meine Heimat ist, aus der ich im Sommer vertrieben wurde: im Dorf Oberprausnitz, dort ist mein Haus, mein richtiges Bett, mein Garten, meine Speisekammer, mein Hof.

»Weißt du es nicht?«

Ich sage lieber nichts und schüttle den Kopf. Sie nimmt jemand anderes dran. Dann reden sie über Gößnitz und was wir alles lernen sollen.

Ich glaube, sie denkt, ich bin dumm.

Dafür merkt sie in der Rechenstunde, daß ich nicht dumm bin. Den Christian holt sie nach vorn an die Tafel, er soll eine Aufgabe rechnen, und er kann es nicht. Er hat schon einen roten Kopf, weil es immer wieder falsch wird.

»Wer zeigt es ihm einmal?« fragt Fräulein Werner.

Ich melde mich, nicht, weil ich besser sein will als Christian, sondern daß sie sieht, daß ich vorhin absichtlich nichts gesagt habe.

Ich mache die Aufgabe an der Tafel richtig, aber als ich mich auf meinen Platz setzen will, zischt mir Christian zu: »Blöde Kuh!«

Zu Hause gibt es Graupensuppe, wie gestern und vorgestern. Großmutter macht sie mal mit Gemüse, mal ohne, trotzdem schmeckt sie immer gleich. Unsere Fleisch- und Fettmarken für diesen Monat sind verbraucht, groß waren die Rationen ja sowieso nicht.

»Ich hab noch meine Rauchermarken«, sagt Großmutter, »vielleicht tauscht sie die arme Wilma wieder gegen ihre Buttermarken ein, wie im letzten Monat.«

»Besser wär's, sie kaufte selbst die Butter und gäbe sie dem Kleinen, der sieht schrecklich schlecht aus«, antwortet Mutter etwas ärgerlich.

Großmutter kratzt den festgepappten Graupensatz vom Topfboden ab und sagt: »Wenn sie von uns keine Rauchermarken kriegt, geht sie woanders hin. Die Wilma ist zigarettensüchtig.«

Seitdem Wilmas Berliner Wohnung im Krieg zerbombt worden ist, wohnt sie neben uns im Nachbarhaus, in zwei Kellerräumen mit ihrem »Sohni«. Wilma hat erzählt, daß sie ihre Straße nach dem Bombenangriff in Berlin nicht wiedererkannt hat, alle Häuser lagen in Schutt und Asche. Sie konnte nur ihren kleinen Sohni nehmen, zum Bahnhof rennen und sehen, daß sie aus Berlin herauskam. Bis Gößnitz ist sie mit dem Zug gefahren, und hier will sie bleiben, bis Sohni schon etwas laufen kann. Dann will sie zurück nach Berlin und als Trümmerfrau Steine klopfen, damit die Häuser wieder aufgebaut werden können. Aber das wird noch eine Weile dauern, denn Sohni ist noch nicht mal ein Jahr alt. Und Mutter sagt, wenn Wilma ihre Lebensmittelmarken weiterhin gegen Rauchermarken eintauscht, wird Sohni nie das Laufen lernen.

Wilma ist nett zu mir, sie läßt mich in ihre Wohnung rein zum Radiohören.

»Wenn du rübergehst, komm ich mit«, sage ich zu Großmutter.

Inzwischen hat Mutter einen anderen Entschluß gefaßt. »Ich versuche es einmal auf dem Land«, sagt sie. »Gleich heute mittag gehe ich los. Vielleicht kann ich auf einem der Dörfer Arbeit finden und dafür Lebensmittel bekommen.« Sie sieht mich an. »Wenn du willst, kannst du mitkommen«, sagt sie zu mir.

Natürlich will ich, vielleicht fällt für mich etwas ab, etwas zum Anziehn oder ein Spielzeug oder ein Glas Milch. Schon manches Mal waren die Bauern sehr nett zu Mutter. Und weil ich so dünn bin, hatten sie auch mit mir Mitleid und sagten: »Das Mädel ist ja unterernährt.«

Mutter hängt den Rucksack um, und wir gehen los. Wir beschließen, es zuerst in dem Dorf hinterm Wald zu versuchen, dort, wo Christian aus meiner Klasse wohnt. Der Weg zum Wald liegt in der Sonne, es geht bergauf, und ich komme ins Schwitzen. Im Wald ist es kühler, jetzt erzähle ich Mutter auch von Fräulein Werner, von der Heimatkunde und der Rechenstunde.

Mutter hört zu und sagt gedankenverloren: »Schade um Fräulein Liebig, es trifft immer wieder die Falschen.«

Hinterm Wald breitet sich das Tal vor uns aus, ein

Kirchturm taucht auf, ein paar dunkle Dächer davor, dann wieder ein paar Dächer zwischen sanften Hügeln im Unterland.

»Wie weit willst du gehen?« frage ich Mutter.

»Wir versuchen es gleich auf dem ersten Hof. Hoffentlich werden wir nicht fortgejagt.«

Ob Mutter Angst hat? Sie hält meine schwitzende Hand fest und guckt beim Reden immer geradeaus.

»Wenn sie nur keine Hunde haben«, sage ich.

Wir nähern uns dem Dorf. Gleich zu Beginn steht ein kleiner Hof an der sandigen Dorfstraße. Ich sehe Hühner auf dem Misthaufen herumlaufen, ein gutes Vorzeichen für mich.

»Da gibt es Eier«, sage ich, um Mutter Mut zu machen.

Ein Hund schlägt an. Ich klammere mich fest an Mutter. Aber der Hund liegt an der Kette, wir gehen nah an der Hausmauer entlang, da kann er uns nicht erreichen. Am Stallfenster sehe ich einen Jungenkopf, doch der verschwindet gleich wieder.

Mutter klopft an die Tür, niemand kommt. Wir sehen durchs Fenster in die Küche. Drinnen hantiert eine alte Frau, sie sieht uns nicht. Auch als Mutter an die Scheibe klopft, reagiert sie nicht.

»Vielleicht ist sie schwerhörig«, sage ich.

»Wir gehn mal rein«, sagt Mutter.

Sie öffnet die Tür. Von der kühlen Diele aus sehen wir die Küchentür, sie ist nur angelehnt. Mutter öffnet sie, die Frau schrickt auf, aber wie sie uns ansieht, wird sie freundlich.

»Guten Tag«, grüßt Mutter. »Ich suche Arbeit, weil ich für meine drei Kinder, meine alte Mutter und meinen Mann kaum etwas zu essen habe.«

Die Frau sagt: »Warten Sie mal«, geht in die Diele und ruft: »Herta?«

Ein lautes »Ja« kommt von oben, dann kommt die Bäuerin Herta die Treppe herunter. Mutter und ich schauen ihr entgegen.

Dann sagt Mutter: »Bitte, schicken Sie uns nicht gleich weg. Ich suche Arbeit. Vielleicht könnte ich dafür etwas zu essen für meine Familie bekommen.«

Mutter hat jetzt keine Angst mehr, sie hat meine Hand losgelassen, und Herta guckt freundlich, genauso wie die alte Frau.

»Ja, wenn Sie hier helfen wollen«, sagt Herta, »ich mache den Hof mit meiner Mutter und dem Jungen ganz allein. Mein Mann ist noch in amerikanischer Kriegsgefangenschaft. Wir warten täglich auf seine Rückkehr.« Und während sie mit uns hinausgeht, sagt sie: »Im Garten muß das Unkraut aus den Beeten, da können Sie morgen gleich anfangen.«

Sie zeigt uns den Garten. Aus der Stalltür heraus guckt wieder ein Gesicht – als ich mich aber zu ihm hindrehe, versteckt es sich.

»Christian!« ruft Herta, »schaff den Karren hinter die Scheune!«

Das ist der Christian aus meiner Klasse, ich seh ihn jetzt genau. Er fährt einen Schubkarren über den Hof und guckt extra weg.

»Der geht in meine Klasse«, sag ich zur Bäuerin.

»Ja?« sagt sie überrascht. »Ihr habt ja jetzt die neue Lehrerin. Christian mag sie nicht.«

Herta sieht Christian nach, wie er hinter der Scheune verschwindet.

»Christian war heut an der Tafel und konnte die Rechenaufgaben nicht«, sage ich.

Mutter guckt mich entsetzt an. »Liese«, sagt sie, »sag das nicht. Christian ist bestimmt ein guter Schüler.«

Aber das wußte ich nun wirklich besser als Mutter, und darum sage ich: »Nein, bei Fräulein Liebig konnte er auch nicht rechnen.«

Herta wird ernst. »Da ist der Garten, Sie können morgen früh um sechs anfangen.«

Wir gehen vom Hof. Auf der Straße erwartet mich ein Donnerwetter.

»Wie konntest du denn sowas von deinem Klassenkameraden sagen! Wir sind doch auf den guten Willen der Frau angewiesen. Ich hatte schon Angst, daß sie mir jetzt keine Arbeit mehr gibt. Und nach Eiern konnte ich natürlich schon gar nicht mehr fragen, du hast ja gesehen, wie verärgert sie war.«

Mir war das ja vorhin nur so herausgerutscht, und ich weiß jetzt gar nicht, wie ich das Mutter erklären soll. Ich bin lieber ruhig, damit sie nicht weiterschimpft. Aber Christian hätte auch nicht so blöd weggucken müssen, so, als würde er mich gar nicht kennen.

Als wir den nächsten Hof erreichen, scheint Mutters Ärger verflogen zu sein.

»Komm, wir fragen, ob sie was für uns haben«, sagt sie.

Wir bekommen von der Bauersfrau zwei Hände voll kleiner Frühkartoffeln und drei Eier geschenkt. Die Frau ist gut zu uns, bringt uns ein Glas Buttermilch. Ich trinke es zusammen mit Mutter leer.

Die Frau sagt, wir könnten mal wieder kommen, sie hat nicht viel, aber wir täten ihr leid, weil wir noch weniger als sie hätten. In den nächsten Hof sollten wir jedoch besser nicht gehen, der Bauer dort habe scharfe Hunde und jage alle Fremden davon.

Wir lassen das dann auch lieber.

Brauner hieß die nette Frau.

Fröhlich hüpfe ich jetzt neben Mutter her. »Etwas haben wir schon«, sage ich.

Zielstrebig geht Mutter zu dem Hof, der weiter hinten an der Straße liegt. Wieder bellen Hunde. Wir sehen uns um, können sie nirgends entdecken. Im Stall steht ein hellbraunes Pferd. Eine kleine weiße Katze sonnt sich vor der Tür. Doch die Tür ist abgeschlossen, sicher sind die Bauern auf dem Feld. Ich möchte die Katze gern streicheln, aber Mutter will das nicht.

»Komm schnell. Wenn wir uns zu lange auf dem Hof aufhalten, denken die Leute noch, wir wollen etwas stehlen.«

Am Abend, als wir wieder auf dem Feldweg zum Wald hochgehen, tun mir die Beine weh. Die Sonne steht schon tief, und in ihrem rötlichen Schein leuchten die blauen Glockenblumen am Wegrand ganz wunderschön. Auf dem Hinweg waren sie mir gar nicht aufgefallen. Ich pflücke noch schnell einen kleinen Strauß, während Mutter langsam weitergeht. Sie ist auch müde, glaube ich. Mutters Rucksack ist leicht ausgebeult. Da ist unsere Ausbeute drin. Noch ein paar Kartoffeln kamen dazu, ein Einmachglas voll Quark, ein Säckchen voll Schrot.

Mutter hat vorhin gesagt, sie wundere sich, daß die Bauern immer noch etwas hergäben. Wir sind ja nicht die einzigen, die von Hof zu Hof gehen.

Im Wald kommt uns eine Gruppe von Frauen und Männern entgegen. Sie tragen auch Rucksäcke auf dem Rücken.

»Rede jetzt nicht«, warnt mich Mutter leise.

Ich hätte sowieso nichts gesagt. Mißtrauisch sehen die Leute uns an, als sie an uns vorbeigehen.

»n' Abend! Geben die Bauern hier freiwillig was raus?« fragt eine Frau.

»Sie haben selbst nicht viel«, sagt Mutter. Sie hält meine Hand fest, ihr Schritt wird schneller.

»Was wollen die?« frage ich, als wir weiter weg sind.

»Ich fürchte, die sind auf einer merkwürdigen Hamstertour«, antwortet Mutter. »Wenn es darauf ankommt, stehlen die auch. Nein, wirklich, damit wollen wir nichts zu tun haben. Lieber geh ich mit euch betteln, als daß ich stehlen würde.«

Ich bleibe stehen und gucke ihnen nach, wie sie auf »Hamstertour« gehen und langsam im Wald verschwinden.

Von Vater weiß ich, daß viele Menschen, die in den Städten wohnen, jetzt hamstern müssen; sie hungern und fahren am Wochenende mit dem Zug in die Dörfer. Dort betteln sie bei den Bauern um Eßwaren, so wie wir es getan haben, oder sie tauschen Wertsachen gegen Essen ein. Aber die Leute, die wir getroffen haben, gingen im Dunkeln los, sie werden wohl stehlen. Ob sie auch von Christians Hof was wegnehmen und bei der netten Frau Brauner mit der Buttermilch?

Als hätte Mutter meine Gedanken erraten, sagt sie: »Der Kettenhund auf Christians Hof wird sie verjagen.«

Zu Hause halte ich Großmutter den Glockenblumenstrauß hin: »Für dich!« sage ich.

»Je, sind die schön, die Glockenblumen, wie in der Heimat«, ruft sie aus, »jetzt werden sie auch zu Haus auf unseren Wiesen blühen. Das war immer eine schöne Zeit!«

Sie stellt den Strauß in ein Glas und faßt die Glöckchen vorsichtig an. Ich sehe, wie sie sich freut. Für Großmutter wird die Gößnitzer Gegend wohl nie die Heimat werden, da kann Fräulein Werner erzählen, was sie will.

Spätsommer 1946

Körner sammeln für Mehl zu einem Kuchen und auf der Hut sein, um nicht zum Dieb zu werden

---

Wenn Mutter einen Schritt macht, mache ich zwei. Barfuß in unseren Holzsandalen laufen wir beide den staubigen Feldweg entlang. Feiner grauer Staub kriecht die Beine hoch und juckt, weil ich schwitze. Es ist schon so schwül, obwohl es noch Vormittag ist. Hoffentlich gibt es heute kein Gewitter.

Wir laufen jetzt über ein ganz von glitschigem Moos überwuchertes Holzbrett, das über einem Wassergraben liegt.

»Wart mal«, sagt Mutter und hält mich zurück.

Sie zieht ihr weißes Stofftaschentuch aus der Rocktasche, bückt sich und taucht es in das Wasserrinnsal. Dann wringt sie es aus und legt es mir wie eine Mütze auf die Haare.

»Ah, schön kühl«, sage ich.

Mutter wischt sich auch ein paarmal über die Stirn, dann gehen wir weiter. Durch meine feuchte Mütze spüre ich für eine Weile die stechende Sonne nicht mehr so arg.

Heute hab ich Mutter für mich allein, den ganzen Tag, ich gehe gern neben ihr her, ohne meinen Bruder und ohne meine Schwester.

Dann redet sie nur mit mir, dann bin ich ihr Kumpel. Heute bin ich ihr Ährenlesekumpel. Ein paar Felder sollen heute freiwerden, weil die Bauern das trockene Korn noch vor dem drohenden Gewitter einbringen wollen. Letzte Woche war Mutter fast täglich allein zum Ährenlesen gegangen, aber weil ich jetzt Ferien habe, darf ich mit.

»Wie weit müssen wir noch laufen?« frage ich nach einer Weile.

»Bis über den Berg, nach Köthel zu, dort hinten sollen viele Kornfelder sein, und heute wird das Korn eingefahren.«

Mutter bleibt stehen: »Aber Liese, willst du nicht doch lieber zurückgehen? Es ist so schwül und gewittrig, und weit ist es auch.«

Auf jeden Fall will ich mit ihr gehen, und ich sage schnell: »Ohne mich würdest du bestimmt nur die Hälfte zusammenbringen.«

Da am Wassergraben wäre ich schon gern ein Weilchen mit Mutter sitzengeblieben, aber wir müssen ja weiter, haben ja was vor, da unten im Tal.

Vielleicht ist sogar ein Weizenfeld dabei, dann könnten wir die Körner in der Mühle gegen weißes Kuchenmehl eintauschen, und vielleicht bäckt dann Großmutter einen Streuselkuchen. Die Vorstellung von Kuchen läßt mich schneller gehen, das Wasser läuft mir im Mund zusammen, weil ich die Streusel auf der Zunge spüre.

Wir ziehen eine Staubwolke hinter uns her, der Weg führt mitten durch Rübenfelder einen Hügel hinauf und scheint da vorn in den Himmel hineinzulaufen. An der höchsten Stelle angekommen, bleiben wir stehen und blicken in das vor uns liegende Tal. Weit ist es, und strohgelb flimmern die Felder unter dem Himmel in der Hitze. Dort hinten ist alles in Bewegung. Bauern und ihre Helfer laden Garben auf die Pferdewagen. Rings um das Feld herum sitzen die Menschen. Viele, viele hocken da, warten darauf, daß der Bauer es freigibt. Dann werden sich alle über die Ähren hermachen, die zwischen den stechenden Stoppeln liegengeblieben sind, und in ihre Taschen stopfen, so viel sie können.

Mutter und ich werden auch dabei sein. Bergab geht es leichter, wir sind bald angelangt. Jetzt sehen wir's genau, es ist ein Weizenfeld! Der Streuselkuchen ist schon ein Stück näher gerückt.

Die Leute, die schon lange hier warten, sehen uns nicht gerade freundlich an, jede Tasche mehr bedeutet weniger Körner für alle.

Wir bleiben erst mal stehen und suchen uns einen Platz zum Hinsetzen.

Mutter schaut sich um. »Vielleicht ist jemand da, den wir kennen«, sagt sie.

»Eh, Liese, kommt hierher«, ruft plötzlich eine Stimme von weiter weg. Unter dem Heckenrosenstrauch dort drüben winkt jemand zu uns herüber. Ein Mädchen ist es, jetzt erkenne ich sie: es ist Waltraud aus meiner Klasse, die immer nach Knoblauch riecht. In ihrer Familie kauen alle die Knoblauchzehen roh. Im Osten, von wo sie vertrieben wurden, glaubt man, daß man dann gesund bleibt und lange lebt. Waltrauds Familie wohnt nicht weit von uns in einer alten Villa.

Waltraud sitzt mit ihren Schwestern zusammen, und ihre Großmutter steht auf und kommt auf Mutter zu.

»Heut ist viel los«, sagt sie, »sie wollen den Weizen noch vor dem Gewitter reinholen.«

Ich bin froh, daß ich mich neben Waltraud auf einen kleinen Grasfleck setzen kann, gerade so, daß die Blätter eines dünnen Heckenrosenzweiges Schatten auf meine Augen werfen.

Mutter bleibt bei Waltrauds Großmutter stehen, sie setzt sich gar nicht erst hin. Es muß gleich losgehen. Ein Pferdewagen wird noch beladen, er ist gleich voll. Jetzt kommt die letzte Reihe »Puppen« dran. Unruhe geht durch die Leute am Feldrand. Sie sehen zum Bauern hin, warten auf sein Zeichen, warten, daß er die Hand hochhebt und das Feld freigibt. Sie sind aufgestanden, stellen sich nah an den Feldrand, drängen sich vor.

»Wir rennen ganz nach vorn, da kriegen wir die meisten Ähren«, sage ich zu Waltraud.

Ein Pfiff vom Pferdewagen. Es geht los. Ich versuche, mit meiner Tasche nach vorn zu kommen, Waltraud hat es schon geschafft, aber mich drängen die Frauen nach hinten. Dicht an dicht gehen sie mit gebeugtem Rücken und ständig suchenden Händen im Feld schrittweise weiter. Ich lese das auf, was sie nicht sehen, ich versuche, den Leuten die Ähren wegzuschnappen, bevor sie zugreifen können.

Keiner redet, schweigend rafft jeder auf, soviel er greifen kann. Die Ähren fassen sich voll an, die Grannen stechen manchmal in meine Hand. Ich achte nicht darauf, sammle weiter. Der Taschenboden ist schon bedeckt. Am anderen Ende des Feldes werde ich nach Mutter suchen und sicherlich auch Waltraud wiederfinden. Jetzt heißt es sammeln, sammeln. Die Strohstoppeln stechen durch die Sandalen in meine nackten Füße. Hätte ich doch Socken angezogen! Aber ich darf nicht stehenbleiben, darf mich überhaupt nicht aufrichten, muß gebückt bleiben, damit mir keine Ähre entgeht. Die Frauen neben mir sind schnell, so, als hätten sie ihr Leben lang Ährenlesen geübt. Immer weiter gehe ich mit ihnen über das Feld. Fast wäre ich gefallen, hab nicht gesehen, daß wir schon am Feldende angelangt sind. Ich richte mich endlich auf und sehe meine Ausbeute an. Die Tasche ist nicht mal viertelvoll, aber mit Mutter zusammen wird es schon eine Menge geben.

Auf dem Feld sind immer noch ein paar Leute, sie gehen jetzt kreuz und quer, finden hier noch eine Ähre und da.

Gleich wird das Feld wie leergefegt sein. Keine Ähre wird mehr zu finden sein, höchstens ein paar herausgefallene Körner bleiben zurück für die Mäuse.

Ich sehe mich nach Mutter um. Auch sie läuft noch über das Feld. Ich renne zu ihr und zeige ihr meine Tasche.

»Schön«, sagt sie, mehr nicht.

Sie hätte mich ruhig etwas loben können, denn sie hat auch nicht mehr Ähren als ich. Sie hat sich die Tasche wie eine Schürze um den Bauch gebunden, damit sie beide Arme zum Sammeln frei hat.

»Mir ist ganz elend«, sagt sie auf einmal und hält sich an mir fest, »das Bücken und die Hitze«, fügt sie leise hinzu.

Wir gehen zusammen an den Feldrand, sie setzt sich. Schweißperlen stehen ihr auf der Stirn, ich bleibe vor ihr stehen.

»Soll ich zum Graben zurücklaufen und das Taschentuch naßmachen?« frage ich sie.

»Das ist zu weit«, sagt Mutter, »und sie geben das Feld da drüben auch schon gleich frei.«

Ich sehe zum anderen Feld hinüber. Sie haben gerade erst angefangen aufzuladen.

»Bis die fertig sind, bin ich längst wieder zurück«, antworte ich.

Mutter hält mich fest. »Bleib«, sagt sie, »setz dich hin.«

Wir hocken schweigend nebeneinander. Die anderen Leute haben sich auch wieder an die Wegränder gesetzt, einige gehen weiter. Waltraud ist irgendwo in der Menge verschwunden. Eine Frau neben Mutter fragt, ob es ihr wieder besser geht. Sie erzählt, daß ihr neulich auch ganz schwarz vor den Augen wurde, und sie reden über Kreuz- und Bauchschmerzen.

Mir wird auch auf einmal übel, im Kopf sticht es; die Sonne brennt erbarmungslos auf uns herab. Mein Magen ist leer und knurrt.

»Ich gehe zurück und hole uns etwas zum Essen«, sage ich.

»Wo willst du denn etwas herbekommen?« antwortet Mutter matt.

»Ich frage einmal bei Brauners; wenn sie etwas für uns haben, bring' ich es gleich hierher.«

Es sieht so aus, als ob Mutter nichts mehr dagegen hat, darum stehe ich gleich auf.

»Beeil dich und verlauf dich nicht«, ruft Mutter mir nach.

Ich beeile mich sehr, gehe den Hügel wieder hinauf, dann hinunter durch die Rübenfelder, am Wassergraben tauche ich schnell mal die Hände ins Wasser. Dann weiter, jetzt sehe ich schon die ersten Häuser des Dorfes, laufe, laufe, werde immer schneller. Jetzt muß Brauners Hof kommen. Dort wohnt die freundliche Frau, die uns manchmal Milch und Kartoffeln gibt, seitdem wir auf unserer ersten Hamstertour bei ihr waren. Ich werde ihr sagen, daß es Mutter auf dem Feld schlecht geworden ist. Und vielleicht, vielleicht bekomme ich ein Stück Brot.

Es ist Mittag.

Auf dem Hof ist niemand zu sehen. Kein Pferdewagen ist da. Über dem großen Misthaufen surren dicke blaue Fliegen. Sonst höre ich nichts. Ich gehe zur Dielentür, drücke die Klinke. Abgeschlossen.

Mich durchfährt ein Schreck: Sie ist auch auf dem Feld, die Frau Brauner, sogar die Miene, ihre alte Tante, ist dabei, und Männer gibt es ja auch hier keine auf dem Hof. Ja, natürlich, auch sie holen ihr Korn vor dem Gewitter herein. Niemand ist zu Haus, der mir was geben könnte.

Mir ist zum Heulen zumute, ich kann ja nicht bis in die Stadt zurücklaufen, dann käme ich viel zu spät zu Mutter zurück. Die anderen hätten auf dem nächsten Feld schon die Ähren aufgesammelt, und wir bekämen nicht genug Körner für den Streuselkuchen zusammen.

Das leere Gefühl im Magen breitet sich aus, geht in meinen ganzen Körper, ich kann gar nicht mehr weitergehen, setze mich auf die Steinstufen im Schatten. »Ich muß Mutter etwas zum Essen bringen«, ist mein einziger Gedanke.

Plötzlich habe ich eine Idee. Ich kenne mich ja in Brauners Obstgarten aus, da sind jetzt die Augustäpfel reif. Ich laufe schon hin, noch ehe ich zu Ende gedacht habe, klettere über den Holzzaun, renne zum Baum hinüber, pflücke so viele grüne Äpfel, wie ich in den Händen halten kann, und laufe wieder zurück.

Erst auf dem Weg durch die Rübenfelder kommt mir der Gedanke: ›Ich hab ja gestohlen!‹

Das darf Mutter nie erfahren. Sie will nicht, daß wir das Gefühl für Ehrlichkeit verlieren. Sie würde keinen Apfel anrühren, wenn sie wüßte, daß ich sie mir einfach genommen habe. Ich werde ihr sagen, daß die alte Miene mir die Äpfel geschenkt hat. Hauptsache, daß Mutter sie ißt und es ihr wieder besser geht.

Endlich habe ich das Tal wieder erreicht. Ich finde Mutter nicht gleich. Jetzt sehe ich, daß sie am Wegrand liegt, auf der Seite, die Beine angezogen. Andere Leute liegen auch in der Mittagshitze, ihre Tücher weit ins Gesicht gezogen. Das beruhigt mich. Was sollen sie jetzt auch machen, sie müssen ja warten, bis das Feld freigegeben wird.

»Hallo, hier bin ich«, sage ich.

Mutter setzt sich auf, und wir teilen uns die Äpfel. Ohne zu reden, beißen und kauen wir die säuerlichen Früchte.

Erst als Mutter fertig ist, fragt sie: »Woher hast du sie denn?«

»Von Tante Miene«, sage ich.

»Da hat sie dir sicherlich auch noch etwas anderes zu essen gegeben. Für dich kleines Fliegengewicht hat sie ja immer was«, fügt sie mit einem sorgenvollen Blick auf mich hinzu.

Wenn ich jetzt nein sage, ist Mutter enttäuscht, und sie sieht noch immer so blaß aus.

Ich höre mich sagen: »Sie hat mich in die Küche hereingeholt und mir ein Butterbrot und ein Glas Milch hingestellt.«

Im gleichen Augenblick frage ich mich, warum ich schon wieder gelogen habe, aber es ist schon heraus.

»Gut«, sagt Mutter und ihr Gesicht wird fröhlicher, »auf dem Rückweg werde ich mich bei Brauners bedanken.«

Ich bekomme Angst. Wenn bloß Mutter auf dem Heimweg nicht mehr daran denkt!

Jetzt dauert es nicht mehr lange, und auch dieses Weizenfeld wird freigegeben! Wieder laufen wir, laufen, mit den Händen zwischen den Stoppeln suchend, gebückt über das Feld, inmitten der vielen Leute.

Und noch ein weiteres abgeerntetes Feld wird uns an diesem Tag überlassen.

Doch jetzt grollt über uns der Donner in den Wolken, die sich von Süden her zusammendrängen.

»Wenn es nur noch trocken bleibt, bis wir fertig sind«, sagt Mutter.

Mit vollen Taschen treten wir den Heimweg an. Wir gehen schnell, alle gehen schnell, das Gewitter rückt näher.

Mutter wird bestimmt rasch nach Hause wollen und nicht mehr zu Brauners hineingehen, überlege ich. Blitze zucken durch die Luft, als wir an Brauners Hof vorbeigehn.

»Komm schnell«, sagt Mutter »wir wollen noch vor dem Regen zu Hause sein.« Gott sei Dank.

Ich gehe schnell, mit aller Anstrengung, denn mehr als die drei Äpfel und eine Tasse Malzkaffee am Morgen habe ich ja heute nicht im Magen. Hoffentlich hat Großmutter zu Hause eine Graupensuppe gekocht, mit wenig Graupen und viel Brühe gegen den Durst.

Als wir den Pfarrberg hochgehen, fallen die ersten Tropfen.

Drinnen, im Zimmer, in dem der Graupensuppentopf auf einer kleinen Elektroplatte steht, erzählt Mutter, wie ihr schlecht geworden sei und wie ich ihr geholfen habe. Sie erzählt von den Äpfeln, und wie nett die Miene zu mir war, und daß sie sich bei ihr bedanken werde.

Wieder kriege ich Angst. Ich muß Mutter sagen, wie es wirklich war.

Da geht Mutter in den Flur und läßt Wasser in den Kübel laufen. Ich gehe ihr nach. Draußen stelle ich mich neben sie.

»Bleib mal hier stehen, Mutter, ich muß dir etwas sagen.« Ich halte den Kübel fest, damit sie nicht weggehen kann. »Die Miene war nicht zuhause, und die Äpfel habe ich selbst aus dem Garten geholt«, sage ich.

Mutter sieht mich an: »Das ist nicht gut«, sagt sie nur. Sie nimmt den Kübel, trägt ihn hinein, redet gar nicht mehr mit mir, kein Wort.

›Wenn Flüchtlinge die Einheimischen bestehlen, dann werden sie uns nicht mehr helfen. Wir müssen ganz ehrlich sein, sonst gibt es Feindschaft zwischen Flüchtlingen und Gößnitzern, und in Feindschaft kann man nicht leben‹, so ähnlich hat Mutter oft zu uns Kindern gesprochen. Ich höre die Worte in meinen Ohren dröhnen.

Mutter ist doch heute mein Kumpel gewesen, warum läßt sie mich jetzt im Stich?

Ich stelle mich ans Fenster und fange an zu heulen; draußen gießt es in Strömen, und der Donner kracht über unserem Haus.

»Hör auf zu heulen«, sagt Mutter, »und merke dir, aus sechs Äpfeln können schnell zehn werden.«

Aber die Tränen laufen weiter, ich höre nicht auf, ich brauche einen Trost von ihr, weil ich es ja so gut mit ihr gemeint habe. Da gibt sie mir die Hand, endlich.

Abends, als ich im Bett liege, höre ich noch immer den fernen Donner, sehe das Wetterleuchten. Obwohl ich todmüde bin, kann ich nicht einschlafen. Christl im Bett neben mir ist auch noch wach. Ich darf sie nicht stören, sie liest gerade in einem ausgeliehenen Heft über die Liebe vornehmer Damen – in ihrem Roman heißen sie Comtessen, und Grafensöhne bewerben sich um ihre Hand.

Ich würde die Comtessenhefte auch gerne lesen, aber jetzt möchte ich mit Christl reden.

»Hast du schon mal gelogen?« frage ich sie.

»Laß mich in Ruh«, sagt sie mürrisch.

»Ich weiß es genau, du hast sogar schon mal gestohlen«, bohre ich weiter, obwohl ich mich eigentlich nicht daran erinnern kann. Ich sage es nur so, um sie zum Reden zu bringen. Es klappt, sie entrüstet sich und sagt, daß sie nie stehlen würde und bei Brauners schon gar nicht, weil Elly Brauner ihre Freundin ist.

Christl versinkt wieder in ihr Comtessenheft.

»Ob Mutter nie, nie gelogen hat?« denke ich laut. Keine Antwort von Christl. »Ob Mutter niemals was geklaut hat?«

»Natürlich nie«, kommt es aus dem anderen Bett.

›Das schaffe ich nie‹, denke ich jetzt, ›aber zehn Äpfel hätte ich bestimmt nicht genommen, so viele nicht.‹

In meiner Klasse stehlen fast alle Kinder Sachen, die sie in den Pausen und nach der Schule verkaufen. Otto hatte vor den Sommerferien sogar einmal eine Schachtel mit Bleistiften und verkaufte sie für fünf Pfennig das Stück. Im Geschäft sind sie viel teurer, wenn es überhaupt mal welche gibt. Ist doch klar, daß Otto sie geklaut hat.

»Ich hab sie mir angeschafft«, hatte er gesagt.

Und wer in der Klasse etwas zu verkaufen hat, wird bewundert, wird belagert und ist beliebt, wie die Elsa, als sie Wollrestknäuelchen hatte und kleine weiße Spitzendeckchen. Ich möchte auch mal was verkaufen, aber ich habe nichts, was mir jemand abkaufen könnte. Höchstens ein paar Knöpfe.

Ich beuge mich unter mein Bett. Das Päckchen mit den Knöpfen liegt darunter. Es sind schon eine Menge schwarzer Knöpfe drin, mit vier Löchern, aber auch ein paar weiße und ein roter. Den roten Knopf finde ich besonders schön. Auf dem Platz hinter der Knopffabrik habe ich sie gefunden, dort, wo sie die zerbrochenen Knöpfe und den Fabrikabfall hinwerfen. Wenn man lange zwischen den zerbrochenen Knöpfen sucht, findet man schon mal einen ganzen.

Ich hole den roten Knopf aus dem Knopfpäckchen heraus und lege ihn neben mich aufs Kopfkissen. Sein Rand ist hochgezogen, und er hat zwei Löcher. Auf einer Strickjacke würde er toll aussehen.

Ich stelle mir vor, daß ganz viele davon auf meiner Schulbank lägen und alle Mädchen stünden um mich herum und fragten, was sie kosten.

Herbst 1946

Und doch zum Dieb werden

Mein Herz schlägt bis zum Hals.

Ich hocke mit den anderen in einer Wiesenmulde, ducke mich tief, drücke mich an die taufeuchte Wiese.

Er darf uns nicht finden, der Mann, von dem wir nur die böse Stimme gehört haben und der uns die Steine in den Rücken geworfen hat. Er war hinter uns her, schrie: »Ihr verdammtes Gesindel, ich zahl's euch heim, ihr verfluchtes Diebsgesindel!«

Und dann warf er Steine nach uns, Waltraud hat er am Kopf getroffen. Sie rannte als letzte hinter uns her, weil sie noch vom Apfelbaum herunterspringen mußte. Wir liefen so schnell wir konnten, kletterten durch das Loch im Zaun, durch Buschwerk hindurch und dann in die Wiesenmulde.

Hier liegen wir flach auf dem Boden. Noch immer warten wir, lauschen gespannt, ob der Verfolger zu hören ist.

»Ich blute«, wimmert Waltraud leise.

»Still jetzt«, sagt Otto, der das Ganze angezettelt hat.

Hundegebell.

»Pack elendiges!« hören wir den Mann wieder schreien. Aber nicht von nah, er muß uns wohl hinter dem Zaun im Obstgarten vermuten.

Otto rutscht langsam nach vorn und guckt über den Muldenrand.

»Der Alte ist weg, wer traut sich noch mal?«

Niemand antwortet.

»Wer kommt mit?« hatte Otto auch heute früh in der Schule gefragt, »mein Onkel schenkt uns Äpfel, aber erst gegen Abend, wenn es dunkel wird, seine Frau braucht das nämlich nicht zu wissen. Jeder kriegt so viel er tragen kann.«

Klar, daß ich wollte. Wir waren froh über alles Eßbare, das wir ohne Geld und ohne Lebensmittelmarken bekommen konnten. Selbst Mutter hat die Geschichte vom Onkel geglaubt, sie wußte ja nicht, daß Otto groß im »Organisieren« war, und ich wollte mich nicht daran erinnern. Und so durfte ich mit.

Am verabredeten Ort standen schon Waltraud, Otto und seine Freunde Ede und Fritz. Waltraud hatte mitgedurft, weil ich mitdurfte, sonst hätte es ihre Mutter bestimmt nicht erlaubt. Ihre Großmutter kannte uns ja vom Ährenlesen her.

Ottos Freunde grinsten, als wir kamen. »Die Püppchen können ja gar nicht rennen«, sagten sie.

»Ne, seid mal still, die beiden sind schon ganz gut im Laufen«, antwortete Otto, und damit hatte er auch recht.

Mir kam das Ganze jetzt schon ein bißchen komisch vor. Wenn wir Äpfel geschenkt bekamen, brauchten wir doch nicht zu rennen. Aber ich traute mich nicht, etwas zu sagen.

Wir zogen los, Richtung Pfarrsdorf. Meinen aufsteigenden Verdacht, daß dies eine Klautour werden könnte, behielt ich für mich.

Zuerst liefen wir durch den Wald, später an Christians Hof vorbei, kürzten den langen Weg über die Landstraße ab und sahen bald vor uns ein paar Häuser liegen. Otto führte uns über ein Unkrautfeld nah an ein Haus heran. Da sollte der Onkel wohnen.

Jetzt über einen Gartenzaun und den Hang hinauf.

Otto und seine Freunde hatten auf dem ganzen Weg nichts Rechtes mit uns Mädchen gesprochen, nur: »Hier lang ... leise ... beeilt euch ... kommt schon, ihr Püppchen«, hatten sie gesagt.

Sie tuschelten miteinander und grinsten manchmal zu uns nach hinten. Ich wäre am liebsten wieder umgedreht. Aber feige wollte ich auch wieder nicht sein. Und vielleicht ging doch noch alles gut.

Der Obstgarten lag im Tal, und wir konnten ihn vom Hang aus gut überblicken. Keine Menschenseele war zu sehen.

Hinten im Bauernhaus stand ein Fenster zum Obstgarten hin offen.

»Los und ganz leise, Leute«, sagte Otto.

Unter einem Baum, dessen Zweige sich unter der Last der vielen roten Äpfel bogen, machten wir halt.

»Wo ist denn dein Onkel?« wagte ich jetzt zu fragen.

»Sei froh, wenn du ihn nicht zu sehen bekommst«, zischte Otto mich an.

Nun war mir alles klar, aber es gab kein Zurück mehr, ich hätte mich allein auch nicht getraut.

Waltraud mußte in den Baum klettern, Zweige schütteln und Äpfel herunterwerfen. Wir arbeiteten leise und schnell. Erschrocken bemerkte ich, daß ich mich über die Äpfel in meiner Tasche freute. Immer wieder sah ich zum offenen Fenster hin. Jetzt setzte Waltraud den Fuß auf einen anderen Ast, griff mit der Hand daneben, und es krachte. Ein dicker Zweig brach herunter. Da tauchte am Fenster eine Gestalt auf und verschwand wieder.

»Jemand hat uns gesehen«, sagte ich.

»Quatsch«, sagte Ede.

Da hörten wir auch schon die Stimme eines Mannes: »Ihr verdammtes Gesindel!«

Noch immer liegen wir in der Mulde.

»Feiglinge«, zischt Otto uns zu, weil keiner mit ihm gehen will. Er robbt sich vor.

Nach einer Weile kommt er zurück: »Die sind mit Taschenlampen im Garten und warten nur, daß wir wieder zurückkommen. Wir haben genug für heute, kommt, Leute!«

Durch die Dämmerung laufen wir denselben Weg wieder zurück, heimwärts. Im Wäldchen ist es schon sehr dunkel. Otto kommt ganz nah an mich heran und läuft dann ein Stück neben mir.

»Hast du schon mal einen Jungen geküßt?« fragt er plötzlich.

»Ja, meinen Bruder«, sage ich.

»Sowas meine ich nicht, richtig mit Liebe und so.«

»Ne«, sage ich.

Otto trottet neben mir her.

»Du traust dich ja selbst nicht, Otto«, sagt Waltraud und schubst ihn am Arm. Otto packt sie bei den Schultern und hält sie fest.

Waltraud zappelt. Ede und Fritz drehn sich um und feuern Otto an: »Küß sie doch, los, küß sie doch!«

Waltraud zappelt immer wilder.

»Au, paß doch auf, hier hat mich doch der Stein getroffen«, schreit sie plötzlich auf und hält sich den Kopf.

Otto läßt sie los.

»Laß mal sehen«, sagt er und guckt sich die Wunde an. Ich gucke auch, kann aber in der Dunkelheit nicht viel erkennen.

»Sagst du deiner Mutter etwas davon?« frage ich Waltraud leise.

»Ne, lieber nicht«, flüstert sie zurück.

›Warum macht Otto nur solche Sachen?‹ frage ich mich.

Wir verabschieden uns am Platz vor Nielsens Garten.

»Nichts verraten«, sagt Otto.

Die drei Jungen gehen zur Stadt hinunter. Waltraud verschwindet in dem Hauseingang der Villa dort drüben.

Auch ich gehe nach Hause. Im Zimmer stelle ich die

Tasche auf den Fußboden, lege einen Apfel neben den anderen auf den Tisch und sage: »Mehr gab's nicht, wir waren zu viele Kinder.«

Das war nicht gelogen.

»Zu einem guten Kompott reicht's schon«, sagt Großmutter zufrieden, »es ist schon dunkel, gut, daß du wieder da bist.«

Vaters Gesicht ist hinter der Zeitung versteckt, Mutter ist mit Wolfgang beschäftigt, Christl schält Kartoffeln. Wenn keiner fragt, behalte ich diese Klautour lieber für mich.

Dann wasche ich mir erst mal die Hände.

Das war also schon ein Schritt weiter als neulich in Brauners Garten. Aus den sechs Äpfeln von damals sind sogar mehr als zehn geworden. Macht es mir schon nichts mehr aus? Ach, Mutter hatte recht gehabt, daß man den Anfängen wehren muß.

Winter 1946/47
Soviel Wärme mitten im Winter, wenn man einen Freund hat

Walters Gesicht lugt zwischen den Rechenaufgaben hervor, und wenn ich den Kopf hebe, sehe ich zwischen den Schmetterlingen des feuchten Tapetenmusters seine hellen Augen, die gerade Nase, die Haarsträhne, die ihm übers Gesicht fällt. Walters Gesicht kriege ich überhaupt nicht mehr aus den feuchten Schmetterlingen und auch nicht mehr aus meinem Kopf heraus.

Walter ist Wittis Freund, und jetzt ist er auch mein Freund. Er wohnt im Nachbarhaus, und ich mag ihn. Er ist anders als der eingebildete Witti, der nie vergißt, daß seinen Eltern das Haus gehört.

Es poltert an der Tür. Mutter bringt gerade eine Kiste mit Briketts herauf und stellt sie neben den Kanonenofen. Warm ist es nur hier im vorderen Zimmer, drüben sind

Eisblumen am Fenster, die auch tagsüber nicht mehr abtauen.

Mutter legt ein Brikett nach und setzt sich zu Großmutter.

In mein kleines Einmaleins klappern die Stricknadeln der beiden hinein, sie verscheuchen das Waltergesicht.

Ich habe wieder eine neue Lehrerin bekommen, sie heißt Fräulein Ziehne, sie hat lange Dauerwellen, so, wie die Frauen auf den Bildern beim Frisör.

Ich stelle mich neben die Brikettkiste und sage zu Mutter: »Wir sollen Fräulein Ziehne Kohlen oder etwas zu essen mitbringen. Darf ich?«

»Hat denn schon mal eins von euch Kindern etwas mitgebracht?« fragt Mutter.

»Ja«, sage ich, »Fräulein Ziehne sagt, Junglehrer kriegen ganz wenig Geld, und sie muß zu Hause ihren Mantel anlassen, wenn sie unsere Hefte nachsieht, weil sie kein Geld für Kohlen hat.«

»Na gut, zwei Briketts«, entscheidet Mutter.

Ich wickele sie in Zeitungspapier und schiebe sie neben meine Hefte in die Tasche. Eigentlich kann ich die Ziehne nicht leiden, sie zieht Uta vor und alle, die ihr schon etwas mitgebracht haben.

»Gott sei Dank, die Jacke für Frau Brauner ist fertig. Ich werde sie dämpfen«, sagt Großmutter in meine Gedanken hinein. Sie steht auf, um das Bügeleisen auf den Ofen zu setzen. Mutter probiert die neue Jacke an. »Wenn du so eine mal für mich stricken könntest, da würden die Rückenschmerzen bald aufhören«, sagt sie.

Ein kleines hellgraues Knäuelchen Wolle ist übriggeblieben. Großmutter hält es hoch und lächelt mich verschmitzt an.

»Für dich«, sagt sie.

Damit wird sie später meinen zweiten Socken fertigstricken, der aus lauter Wollresten besteht. Ganz bunt ist er schon.

Jetzt soll ich mit zu Brauners kommen und einen Schlafanzug von Elly anprobieren. Wenn er mir paßt, bekomme ich ihn geschenkt. Mutter hat Brauners die Apfelgeschichte erzählt. Sie fanden das gar nicht schlimm. Aber Mutter sagte, das wäre etwas anderes. Auf unsere Einstellung käme es an.

Einen Schlafanzug hätte ich gern. Aber jetzt muß ich wirklich zu Walter, er wartet bestimmt schon drüben im Kaninchenschuppen.

»Ruf mich, wenn du gehst«, sage ich zu Mutter und verschwinde schnell aus dem Zimmer. Draußen im Flur ziehe ich den blauen Stoffmantel an, den ich von Lehnerts, der Bauernfamilie in Löhmingen, geschenkt bekommen habe, und renne die Treppe hinunter.

Vor der Haustüre sehe ich Carla.

Tagelang hat es geschneit. Jetzt liegt der Schnee einen halben Meter hoch.

Carla läuft im Kreis herum, da, wo Witte den Schnee weggeschaufelt hat. Ich muß an ihr vorbei.

Ihre Finger sind krebsrot vor Kälte, aber sie spielt trotzdem mit der Klammer.

»Carla, guck weg«, rufe ich ihr zu.

Nielsens schimpfen, wenn Witte oder ich über den Zaun in Walters Garten klettern, aber Carla kann ja gar nichts sagen. Ich klettere dort rüber, wo schon zwei Latten vom Hin- und Herklettern abgebrochen sind. Da ist es am leichtesten.

»Komm her, Liese, ich bin schon im Stall«, höre ich es rufen. Das ist Walters Stimme. Er guckt hinter der Schuppentür vor.

Ich gehe den schmalen ausgeschaufelten Weg durch die Schneemassen bis hin zum Schuppen. Schnell schlüpfe ich hinein.

Im Schuppen ist es warm. Hier stehen Walters Kaninchenställe, und ich sehe, wie die Kaninchen ihre weichen Schnäuzchen an das Drahtgitter drücken. Wir gehen zu denen mit dem rehbraunen Fell. Walter macht das Holztürchen auf, schiebt eine Handvoll Heu hinein, und wir bücken uns und stecken unsere Köpfe so weit es geht in den Kaninchenstall.

Wir sind ganz nah an den weichen Tieren, und auch unsere Köpfe sind ganz nah zusammen. Walter mag das, glaube ich, auch sehr gern.

Die Kaninchen hoppeln zutraulich zu unseren Gesichtern und küssen mal mich, mal Walter mit ihren kühlen feuchten Schnäuzchen.

»Wart mal«, sagt Walter. Er packt ein Kaninchen und setzt es auf seinen Arm.

»Hol dir auch eins«, sagt er zu mir.

Ich hole mir auch eins, wir stehen eine ganze Weile und streicheln die großen weichen Tiere.

»Mutter bringt sie nächste Woche zum Rammler, und dann gibts bald Junge, den ganzen Stall voll. Wenn du willst, kannst du jeden Tag rüberkommen«, sagt er und sieht mich dabei mit seinen hellen Augen an.

Ich mag den Walter sehr und bestimmt noch lieber als das Kaninchen auf meinem Arm, obwohl ich das schon sehr liebhabe.

»Was hast du lieber, das Kaninchen oder mich?« frage ich Walter.

Er guckt runter auf sein Kaninchen und streichelt es ganz zärtlich. Ich hätte das nicht fragen sollen, die Frage war blöd. Walters Haare hängen über die Stirn, und ich kann gar nichts von seinem Gesicht sehen. Dann schubst er sein Tier in den Stall hinein, und ich setze meins dazu. Während er die Stalltür wieder zumacht, sagt er: »Wenn ich groß bin, heirate ich dich, und dann gehören alle Kaninchen uns beiden.«

»Ja«, sage ich, aber da höre ich Mutters Stimme rufen: »Liese, Liese, wo steckst du denn?«

»Ich muß gehen«, sage ich und bin schon an der Schuppentür.

»Kommst du heute mit zum Schneehaus?« ruft mir Walter nach.

»Witte läßt uns Mädchen bestimmt nicht rein«, rufe ich zurück.

»Den krieg ich schon rum«, ruft Walter mir nach.

Mutter steht unten an der Pforte.

»Ich komme«, rufe ich und nehme wieder die Abkürzung über den Zaun.

Auf allen Straßen liegt Schnee, nur die Fußwege sind geräumt, so daß wir gerade zu zweit nebeneinander gehen können.

»Das ist ein strenger Winter«, sagt Mutter, »wer jetzt noch kein Dach überm Kopf hat, dem geht es schlecht.«

»Ob jetzt alle Flüchtlinge schon eins haben?« frage ich sie.

»Hoffentlich«, antwortet sie nachdenklich, »ein Dach werden sie wohl jetzt haben, aber zu wenig warme Kleidung und Decken und vor allem nichts zum Heizen. Wenn uns die Gößnitzer nicht so viel zum Anziehen geschenkt hätten und Vater nicht in der Kohlengrube arbeitete, dann wären auch wir viel schlechter dran.«

»Wenn ich groß bin, geht es mir gut, dann heirate ich Walter und ziehe rüber in seine Wohnung mit der richtigen Küche, und Kaninchen haben wir dann so viele, daß wir immer welche verkaufen können.«

Mutter lacht: »Bis du groß bist, dauert es aber noch lange.«

Sie hält sich das Kopftuch vor Mund und Nase, weil ein kalter Wind aufkommt. Der Wind läßt kein Wort mehr aus meinem Mund heraus, und das ist gut so. Ich denke an die Äpfel aus Brauners Garten und die Apfelklautour. Gottlob reden wir nichts mehr, bis wir bei den Brauners ankommen.

Bei Brauners wird die gestrickte Jacke bestaunt. Vor zwei Wochen hatte Frau Brauner einen großen Pullover ihres Mannes Großmutter mitgegeben; Erich war im Krieg in Rußland gefallen oder erschossen worden. Seinen Pullover hat Großmutter zuhause aufgeribbelt und daraus eine feine Damenjacke mit Perlmuster gestrickt.

»Meinem Mann wäre das recht«, hat Frau Brauner gesagt.

Mutter bekommt Eier, ein Stück Speck und einen Schlafanzug für mich dafür.

Bevor wir gehen, zieht Frau Brauner meine Mutter ans Fenster und zeigt ihr einen Brief.

»Vielleicht kommt er doch zurück«, höre ich sie sagen.

»Er kommt bestimmt wieder zurück«, antwortet Mutter mit fester Stimme.

Draußen erzählt sie mir, daß Rudi, Brauners ältester Sohn, in russischer Kriegsgefangenschaft ist, daß es in Sibirien viele Lager mit deutschen Kriegsgefangenen gibt und daß es dort im Winter noch viel kälter ist als hier. Jetzt wird mir erst klar, warum keine Männer auf Brauners Hof sind.

Vor dem Gartentor frage ich Mutter, ob ich zum Schneehaus gehen darf. Sie erlaubt es gleich, und ich renne den Feldweg hoch.

Hinter den Häusern, am Waldrand, schaufeln die Jungen im Schnee, Witte, Walter, Otto und Werner. Waltraud steht in einiger Entfernung und guckt zu.

»Komm«, sage ich zu ihr, und zu den Jungen rufe ich rüber: »Können wir mithelfen?«

»Ja, ihr könnt die Schneewand festklopfen«, ruft Walter uns zu.

Das Schneehaus ist höher als der lange Witti, und das Dach ist rund, wie bei einem Iglu. Otto und Witti stechen innen die Wände mit kleinen Kohleschaufeln ab, daß sie schön glatt werden. Wir arbeiten draußen. Jetzt schiebt Witti zwei Bretter ins Schneehaus hinein.

»Das werden unsere Sitzbänke«, sagt er.

»Reinkommen, alle reinkommen«, ruft es bald von tief drinnen. Das lassen wir uns nicht zweimal sagen. Gebückt kriechen wir durch einen schmalen Gang, bis sich die Höhlung etwas verbreitert. Drinnen ist es dunkel und warm, ich sitze Walter gegenüber, und unsere Knie stoßen in der Mitte zusammen.

»Im Schneehaus ist es wärmer als in einer Baracke«, sagt Otto.

»Stimmt«, antwortet Witti, »rat mal, warum die Eskimos Schneehäuser bauen?«

Da sagt Otto: »Wenn Vater noch lebt, dann ist er in Sibirien, dort ist es mehr als minus dreißig Grad kalt.«

Es wird still, alle sehen auf Otto. Sein Vater ist also auch Kriegsgefangener in Rußland. Otto hat noch zwei Brüder; in der Klasse erzählen sie, daß er mit ihnen manchmal Kohlen klaut, so wie mit uns damals die Äpfel. Eine kleine Schwester hat er auch noch. Sie wohnen alle zusammen unten in der Stadt in einem halbzerbombten Haus.

»Vielleicht treffen sich unsere Väter dort in Sibirien«, sagt Waltraud in die Stille hinein, »mein Vater ist nämlich auch dorthin abtransportiert worden.«

»Mann, Sibirien ist groß«, antwortet Otto, »ich muß jetzt abhauen, hab 'ne Verabredung am Bahndamm, Steinkohle!«

Während Otto das sagt, ist er schon aus dem Schneehaus herausgekrochen.

»Kohlenklau!« ruft Waltraud ihm nach.

»Daß keiner Otto verrät!« sagt Walter, als er draußen ist. »Die haben keine Mutter mehr, und ihre Großmutter, bei der sie wohnen, ist krank.«

Mir gefällt es, daß Walter das sagt, obwohl alle Kohlenklauer angezeigt werden sollen; das steht auf den Plakaten, die überall auf den Schaufenstern kleben.

Die Jungen kriechen bald wieder aus dem Schneehaus heraus, sie tun so, als ob sie Eskimos wären und gleich auf Robbenjagd gehen müßten. Witti ruft zu uns rein: »Ihr Weiber, kocht uns was Gutes!«

Es ist schon dunkel, als wir nach Hause gehen. Im Spiel war Walter mein Eskimomann, und Witti war Waltrauds Mann. Jetzt laufen die Jungen wieder vorneweg und wollen nichts mehr mit uns zu tun haben. Waltraud nimmt mich mit in die Villa hinein, in der sie mit ihrer

Mutter, Großmutter und ihren drei Schwestern einquartiert ist.

»Eigentlich darf ich niemanden mitbringen; die anderen Leute wollen das nicht. Aber ich möchte dir so gern meine Babypuppe zeigen. Vielleicht macht Großmutter dir auch so eine Stoffpuppe, denn als Eskimofrauen brauchen wir Babies. Komm doch!«

Waltraud zieht mich die Treppe hoch.

Hinter geschlossenen Türen höre ich Stimmen. Ich weiß von Waltraud, daß letztes Jahr in dieses Haus viele Flüchtlinge einquartiert wurden und daß alle Familien in einer Gemeinschaftsküche kochen, weil im ganzen Haus nur ein einziger richtiger Herd ist. Waltrauds sechsköpfige Familie wohnt ganz oben in einem Mansardenzimmer.

Jetzt sind wir oben angelangt, stehen in einer Diele, von der zwei niedrige Türen wohl zu Zimmern führen. Der Raum ist nur schwach erleuchtet. Ich kann aber erkennen, daß um den gemauerten Schornstein herum ein paar Matratzen ausgelegt sind, auf denen Menschen sitzen oder liegen.

»Warte mal hier«, sagt Waltraud, schlüpft in ein Zimmer und schließt die Tür hinter sich. Ich stehe allein in dem halbdunklen Raum bei den fremden Leuten.

»Bist wohl eine Einheimische?« höre ich eine Stimme.

»Zuschauer brauchen wir nicht«, kommt es von jemandem hinten im Raum.

Mir wird unheimlich, weil ich niemanden richtig erkennen kann.

»Laßt doch die Kleine in Ruh«, sagt eine Frauenstimme.

Die Tür, hinter der Waltraud verschwunden ist, bleibt noch immer zu. Vielleicht will ihre Familie nicht, daß jetzt am Abend noch jemand zu ihnen kommt, weil es viel zu eng bei ihnen ist. Ich renne die Treppe hinunter, hinaus aus der Villa und rüber zu uns, nach Haus.

Frühling 1947

Im schönsten Frühling nicht gesund werden, weil man einer Frau begegnet, die böse Träume vom Krieg nicht loswerden kann

»Sie hat mich verhext, ganz bestimmt!« Ich sage das, weil ich es weiß, doch Großmutter will es mir nicht glauben. Sie sagt, nur, weil ich die Frau nicht leiden kann, denke ich mir das aus.

»Doch, Großmutter, doch, als ich oben auf dem Gartenzaun saß, kam sie freundlich, wie Hexen sind, auf mich zu. ›Na, paß auf, gleich wirst du runterfallen‹, hat sie gesagt. Und dann hat sie an das Gartentor gefaßt, und ich bin wirklich heruntergefallen. Als ich unten lag, ist sie schnell weitergegangen, die Hexe!«

Mit dem zahnlosen Mund und dem tief in die Stirn gezogenen Kopftuch, im immer gleichen langen schwarzen Rock mit rotem Kreuzstich unten an der Borte, ging sie vorbei. Sie wohnt in der Villa drüben bei Waltraud, und Waltraud hat auch Angst vor ihr, weil sie nachts manchmal schrecklich schreit, und das tönt dann durch das ganze Haus.

»Sie hat wieder Alpträume vom Krieg«, sagt dann ihre Schwester, »sie kann nichts dafür, daß sie immer wieder von ihren schlimmen Erlebnissen träumt.«

»Manchmal hat sie einen richtig irren Blick, Großmutter, so...!« Ich versuche, meine Stirn in Falten zu ziehen und von ganz unten her hochzusehen. »Und als sie an mir vorbeiging, wie ich da unten lag, konnte ich keine Luft mehr kriegen, ich konnte überhaupt nicht mehr atmen. Sie hat mich verhext!« sage ich noch einmal.

»Du hast dir eine Prellung geholt und bekommst keine Luft, das ist bei einem solchen Sturz ganz normal. Du hättest ja auch gar nicht rausgehen dürfen, Liese! Du hast doch eine Mandelentzündung! Wärst du im Bett geblieben, dann wäre das gar nicht passiert.«

Schon wieder: wärst du, wärst du!

Ich krieche unter die Bettdecke, weil ich keine Vorwürfe mehr hören will. Kann sich Großmutter denn gar nicht vorstellen, daß ich bei so einem Frühlingswetter nicht im Bett liegen mag? Die Luft kommt grad so ins Fenster herein, als ob sie sagt: Jetzt renn draußen herum, schnell, renn schon los!

Heut früh schlüpfte ich aus der Haustür, Fieber hatte ich keins mehr gehabt. Vater und Mutter waren zur Arbeit gegangen, und Großmutter sollte überhaupt nicht merken, daß ich rausgelaufen bin. Konnte ich denn wissen, daß die unheimliche Frau mich heute vom Torpfosten fallen läßt, daß sie mir die Luft weghext und daß mir jetzt das Schlüsselbein wehtut?

»Schlüsselbeinprellung«, hatte Dr. Weiß gesagt, den Großmutter heute früh zu uns gerufen hat. Und jetzt ist das Fieber auch wieder gestiegen.

Ich höre die Tür klappen, gucke vorsichtig unter der Bettdecke hervor, Großmutter ist gegangen.

Das Hexengesicht der dunklen Frau von heut früh verschwindet aus meiner Vorstellung, ein anderes Gesicht taucht vor mir auf, es gehört der Babajaga, der Hexe der Russen, ich kenne sie aus den russischen Märchenfilmen. Sie steht mit einem Holzbündel vor ihrem Haus, sieht mich an und lacht mir zu. Bäume, Blumen ringsum, jetzt spricht sie mit einem Reh, sagt fremde Worte, geht in ihr Haus. Ich darf nicht hineinschauen, die Tür fällt vor mir ins Schloß. Ich sehe einen blonden jungen Mann, er hat große blaue Augen, sehe, wie er durch den Wald geht, einen Wunderwald voller Musik und Vogelgezwitscher, Sonne zwischen den Bäumen. Im Wald wird es jetzt ganz düster. Plötzlich, ein großer Felsen, eine Grotte, in vielen Blautönen glitzern die Steine. Mein Herz schlägt laut, genau wie vor ein paar Tagen im Kinovorführsaal. Der Jüngling findet die Steinerne Blume, ist geblendet von ihrer Schönheit. Ich bin es auch. Aber das Bild von der Steinernen Blume verschwimmt, wird zu Wasser. Ein dunkelblaues, weites Wasser, in dem sich die Abendsonne glutrot spiegelt – und langsam, langsam kommt ein Boot heran. Das Boot sieht aus wie ein großer, weißer Schwan, und darin sitzt eine wunderschöne Prinzessin mit ihrem Befreier, und sie sehen beide ganz, ganz glücklich aus.

Die Bilder wechseln rasch: Tanzende Männer, Frauen mit langen Zöpfen, Musikanten, dann ein riesiger Topf mit kochendem Wasser, ein dicker Zar mit aufgeblasenem Gesicht, ein breiter, lachender Mund, Zähne! Ein Mensch springt ins kochende Wasser! Gott sei Dank, es ist der böse Zar, jetzt ist er tot!

Trommelwirbel im Hintergrund, breite Felder, der Mond über der weiten Landschaft.

Ich wünsche mir, in Rußland zu sein, mitten im Wald bei der Babajaga, die mir ihre Zauberkünste verrät.

Wenn ich groß bin, fahre ich nach Rußland, das nehme ich mir fest vor.

In die Märchenbilder drängen sich Bilder aus der Wochenschau, lange Züge, voll mit deutschen Soldaten, die in Rußland gekämpft hatten, sie werden nach Sibirien transportiert. Dann wieder Bilder von Kämpfen aus Revolutionsfilmen. Wenn im Film Granaten explodieren, schließe ich immer die Augen.

Ich sehe jetzt riesige Sonnenblumenfelder, junge, lachende Leute auf den Traktoren. Aufbau! Aufbau! ›Die Jugend schafft ein neues Land, der deutsche Feind ist besiegt, das russische Volk lebt‹, höre ich eine dröhnende Stimme …

Leise geht die Tür, Großmutter bringt mir eine Tasse Tee und macht einen Umschlag.

»Da hast du dir was Schönes eingebrockt«, sagt sie und legt mir ganz vorsichtig den heißen Umschlag um den Hals. Sie ist lieb zu mir und löffelt mir den Tee in den Mund wie einem Baby. Und nun reibt sie mir noch die kalten Füße, wie schön. Bevor Großmutter geht, deckt sie mich bis oben hin zu.

Das Kino vor meinen Augen wird ungenau und verschwimmt. Ich schlafe ein. –

Als ich wieder aufwache, ist mein Mund wie ausgetrocknet. Es ist ruhig im Zimmer, nur Großmutter höre ich leise murmeln. Sie betet halblaut wie jeden Abend vor dem Einschlafen.

»Gehst du schon schlafen?« frage ich sie. »Ja, Linkerle«, sagt sie, »neben deinem Bett steht eine Tasse Tee, wenn du Durst hast, kannst du trinken.«

Und ob ich Durst habe.

Es ist schön, daß Großmutter »Linkerle« gesagt hat, daran merke ich, daß sie mir nicht mehr böse ist. Ich hatte gar nicht gemerkt, wie Vater, Mutter, Wolfgang und Christl nach Haus gekommen sind.

»Komisch«, sage ich, »daß man im Schlaf gar nicht merkt, was die anderen machen, obwohl man nicht tot ist.«

»Der Schlaf ist der Bruder des Todes«, kommt es von Großmutter durchs dämmrige Zimmer. »Erst wenn wir wieder aufwachen, wissen wir, daß wir noch leben.«

»Ich lebe, wenn ich schlafe«, sage ich bestimmt. Ich will die Angst vertreiben, die in mir hochkriecht.

Ich rufe noch zu Großmutter rüber: »Und wenn du schläfst, dann schnarchst du. Glaubst du vielleicht, daß Tote schnarchen?«

»Da hast du recht«, sagt sie und lacht, und nach einer Weile höre ich sie auch schon schnarchen, langgezogen und leise. Ich muß an Mariechen denken, an ihr weißes Gesicht. Sie konnte nicht sprechen, sich nicht bewegen, als sie auf der Reise aus dem Zug gefallen war und auf dem Bahnsteigpflaster ohnmächtig liegenblieb und aussah wie tot.

Mariechen war unser Kindermädchen gewesen, zu Hause im Sudetenland, das jetzt Tschechoslowakei heißt. Mit uns wurde sie vertrieben. Wir waren zusammen, bis das auf dem Bahnhof passierte.

Mariechen lebt! Vater hat es uns erzählt. Im Sommer

1945, als er uns nach dem Krieg suchte, hat er Mariechen getroffen. Das kam, weil er die vielen kleinen Zettel mit Nachrichten gelesen hat, die die Flüchtlinge auf den Bahnhofswänden für ihre Angehörigen hinterlassen hatten. Auf jedem Bahnhof, an dem Vater ankam, hat er sie durchstudiert. Und in Dresden fand er Mutters Zettel, auf dem sie von Mariechen berichtet und genau angegeben hat, in welche Richtung wir anderen weitergefahren sind. So fand Vater Mariechen im Krankenhaus in Neustadt bei Dresden. Weil sie Typhus bekommen hatte, mußte sie in Neustadt allein zurückbleiben. Mutter hatte Mariechen noch ins Krankenhaus gebracht, bevor wir weiterfahren mußten. Als Vater Mariechen besuchte, ging es ihr schon wieder besser. Der Krankenhausarzt wollte Mariechen jetzt zu sich nehmen, damit sie auf seine Kinder aufpaßt. Ich bin froh, daß Mariechen lebt, daß es ihr wieder gut geht, aber richtig glauben werde ich es erst, wenn ich sie lebendig vor mir sehe.

Es wird heller im Zimmer. Langsam steigt der Vollmond übers Dach von Walters Haus, und nun leuchtet er in unser Zimmer.

Jetzt kann ich überhaupt nicht mehr einschlafen, weil es vom Mondlicht so hell ist. Ich versuche es wieder mit meinem Kino: Das war auch eine Vollmondnacht, als ein Junge mit seinen Freunden zusammensaß, vor einem Bauwagen, mitten in den Trümmern von Berlin. Sie erzählten sich, wie sie den Tag über Steine geklopft und Trümmer weggeräumt hatten, und sie träumten von einer wieder aufgebauten Stadt. Dann holte der Junge seine Mundharmonika heraus und spielte, während die Freunde sangen: »Wenn ein Sternlein fällt vom Himmelszelt, wünsch ich mir was …«

Ich hab ja auch eine Mundharmonika. Sie liegt in der Schachtel unter meinem Bett. Als der Schnee wegtaute, habe ich sie auf dem Weg in die Stadt gefunden. Darum ist sie etwas rostig und klingt nicht mehr so voll. Ich beuge mich unters Bett. Au, das verhexte Schlüsselbein tut weh, aber ich schaffe es doch, die Mundharmonika heraufzuholen.

Unter der Bettdecke mache ich mir eine kleine Höhle und spiele ganz leise die Melodie aus dem Film.

Spätsommer 1947

Zirkus – glitzernde Zauberwelt zwischen grauen Häusermauern und Ruinen

---

Ponyhufe wirbeln Sägespäne auf, die Späne fliegen bis in mein Versteck hinein, berühren leicht mein Gesicht, fallen herunter ins Dunkle.

Unwillkürlich ducke ich mich, wenn die Tiere ein Stück auf mich zukommen, aber sie drehen ab, ihre Umlaufbahn ist vorgeschrieben. Mit Köpfen und Federbüschen nickend laufen sie im Rund der Manege, die durch ein dickes Tau von den Zuschauerbänken abgetrennt wird.

Ich hocke im Dunkeln unter den Bänken, die hinten höher ansteigen. Ich darf mich nicht erwischen lassen, weil ich ohne Eintrittskarte hineingeschmuggelt worden bin.

Anita, die zwölfjährige Kunstreiterin, hat mir das Versteck gezeigt. Dafür mußte ich ihr zwei weiße Spitzentaschentücher schenken. Die habe ich bei Otto eingetauscht, hab ihm ein Soldatenheft dafür gegeben, das ich Witti heimlich weggenommen hab. Anita wollte ja am liebsten Geld von mir, sie hat immer wieder gedrängelt und gesagt: »Deine Großmutter merkt doch nichts, wenn du es aus ihrem Portemonnaie nimmst.«

Aber ich traue mich nicht, wieder Geld aus Großmutters Geldtasche herauszunehmen. Sie hatte das letzte Mal schon überall in der Küche nach ihren Fünfzigpfennigscheinen gesucht, die ich in meinem Schuh versteckt hatte.

»Wo hab ich sie bloß hingelegt?« hat sie immer wieder gesagt.

Großmutter hat mir dabei so leid getan, aber aus Angst hab ich ihr das Geld trotzdem nicht wiedergegeben. Und als ich die Scheine schließlich aus meinen Schuhen herausholte, konnte ich sie nicht mehr brauchen, sie fielen in meinen Händen auseinander, waren feucht, ribbelig, durchgelaufen.

Wenn bloß Witti nicht merkt, daß sein Soldatenheft fehlt! Ich gucke durch die Bretter hindurch in die Manege, sehe die bunten Glühlampen, die leicht im Wind schaukeln, sehe den Clown mit der Pauke und dem Äffchen auf seiner Schulter.

Ich vergesse Witti und das Heft; das, was ich hier erlebe, ist wunderschön, ist eine Zauberwelt.

Manchmal fällt ein Bonbonpapier von einem Zuschauer über mir auf meinen Kopf, aber ich verhalte mich ganz still.

Der Clown schlägt laut auf die Pauke. Jetzt tritt der Zirkusdirektor in die Manege und sagt mit erhobener Stimme: »Und nun, verehrtes Publikum, sehen Sie die junge Kunstreiterin Anita!«

Anita hüpft in die Manege zu dem braunweiß gefleckten Pony, klopft es am Hals und steigt auf.

Eine Runde reitet sie im Sitzen, nun kniet sie auf dem bunten Sattel, breitet die Arme aus. Wie ihre rote Bluse leuchtet! Sie steht auf und macht die Waage, toll! Ihr Pony geht langsam, fast vorsichtig.

Alle klatschen Beifall. Schade, daß ich nicht klatschen darf.

»Wenn dich mein Vater erwischt, darfst du auf keinen Fall sagen, daß ich dich hier versteckt habe, sonst krieg ich's mit der Peitsche«, hatte Anita gesagt.

Also will ich mich still verhalten. Anita springt ab, verbeugt sich, wirft Kußhände in die Runde, hüpft zurück. Ihr Pony wird von einem Zirkusmann nach draußen geführt. Er wird es wieder an einem Zirkuswagen festbinden.

Solch ein Pony habe ich Wolfgang heute nachmittag

versprochen, als ich mit ihm in der Kindervorstellung war. »Ich kauf dir eins, ganz gewiß«, hab ich zu ihm gesagt, und weil er noch so klein ist, hat er es mir geglaubt. Seine Augen haben gestrahlt, und er hat mich für mein Versprechen ganz lieb gehabt.

Ich weiß nur nicht, wie ich das Pony besorgen soll, möchte es ja gern auch für mich haben, hab aber kein Geld und auch nichts zum Tauschen. Und es ist ja Anitas Pony, sie braucht es für ihre Kunststücke. Sonst würde ich es einfach losbinden und heimlich darauf nach Hause reiten. Im Garten würde ich es an einen Apfelbaum binden, und morgen früh könnte ich sagen: »Guck mal, Wolfgang, dein Pony ist da!«

Wieder ein Paukenschlag! Der Zirkusdirektor kündigt die Seiltänzerin an, sagt, alle sollen ganz still sein, damit sich Arabella auf dem Seil konzentrieren kann, weil kein Netz darunter gespannt ist. Von Anita weiß ich, daß Arabella schon mal abgestürzt ist, aber zum Glück war sie nur auf die weichen Sägespäne gefallen und hat sich nicht weh getan. Im Publikum wird es wirklich ganz still, ich sehe gespannt zu und merke nicht, wie jemand zu mir herkriecht, sich neben mich hockt.

»Liese!« Ich fahre herum, als ich meinen Namen flüstern höre.

»Ich bin's, hab doch keine Angst! Kommst du morgen wieder?« Es ist Anita.

»Nur, wenn du mich umsonst reinläßt, ich hab nichts mehr zum Tauschen«, sage ich.

»Klar«, flüstert Anita.

Wir schlingen die Arme umeinander und sehen zusammen Arabella zu, wie sie mitten auf dem Seil Spagat macht.

Plötzlich bekomme ich einen Schrecken, der sich ganz tief in meinem Bauch festsetzt. Jemand hat meinen Namen gerufen! Jetzt schon wieder!

»Liese, Liese, wo bist du?«

Mutters Stimme! »Liese«, sie klingt wieder von weiter weg.

Mutter sucht mich. Ich bin von zu Hause weggelaufen, ohne etwas zu sagen. Die Erwachsenen hätten bestimmt nicht erlaubt, daß ich so spät noch zum Zirkus gehe. Aber jetzt kann ich nirgends raus, zur Straße hin ist alles vernagelt, und vorn am Zirkuseingang passen Anitas Leute auf.

Ich höre die Stimme wieder: »Liese!«

»Anita, das ist meine Mutter, ich muß hier raus!« sage ich.

»Jetzt geht es nicht«, antwortet sie leise.

Mutters Stimme kommt wieder näher, sie klingt schon ganz aufgeregt, weil sie mich, ihre Liese, nicht findet. Ich muß zu ihr und ihr sagen, daß ich da bin. Anita kann mich nicht mehr halten, sie folgt mir gebückt dem Ausgang zu.

Wir reden beide kein Wort, aber Anita versteht mich. Sie stellt sich so vor mich hin, daß die Zirkusleute mich nicht entdecken können. Gerade wird die Tiernummer vorbereitet, Männer halten einen Bären, Ziegen und einen Papagei zum Auftritt bereit. Die Leute sehen nicht, wie ich mich schnell an ihnen vorbeidrücke und verschwinde.

Ich renne über den Platz. Dort drüben geht Mutter, jetzt sieht sie sich noch einmal um.

»Mutter«, rufe ich, »Mutter!«

Sie bleibt stehen, sieht mich an.

»Ich war im Zirkus! Es war so schön. Anita ist auf ihrem Pony geritten, sie sah aus, als würde sie fliegen, sie hat auch die Waage gemacht, so!«

Und ich zeige Mutter, wie die Waage geht, ich zeige ihr Spagat, aber ich komme nicht ganz auf den Boden. Ich drücke meine Beine soweit es geht herunter. Mutter steht vor mir, ist ernst. Jetzt muß sie doch lachen.

»Eigentlich müßte ich ja mit dir schimpfen«, sagt sie. »Du bist von zu Haus weggelaufen, ohne zu fragen!«

Sie nimmt mich an der Hand, und wir gehen durch die dunkle Nacht nach Haus, und Mutter staunt über alles, was ich ihr erzähle.

Zuhause muß ich ihr versprechen, nie mehr so spät am

Abend wegzulaufen, ohne den Erwachsenen etwas zu sagen. Ich verspreche es.

Am nächsten Morgen ist Anita schon im Klassenzimmer, als ich hereinkomme. Vorn, wo etwas freier Platz ist, tanzt sie den anderen vor, sie schlägt dazu auf das Tambourin. Ihr Rock fliegt, und beim Drehen legt er sich eng um ihre Beine. Anita sieht schön aus. Alle gucken ihr zu, und niemand von uns Kindern merkt, daß Fräulein Ziehne hereingekommen ist. Ein paar Mädchen sehen sie jetzt. »Fräulein Ziehne«, rufen sie, und alle laufen auseinander auf ihre Plätze.

Anita verbeugt sich seelenruhig und geht stolz und mit wackelnden Hüften durch die Klasse bis zu ihrem Platz in der hintersten Bankreihe.

»Nachher müßt ihr noch bezahlen«, sagt sie, während sie sich hinsetzt, obwohl schon alle Kinder schweigend auf die Lehrerin schauen. Anita hat keine Angst vor Lehrern, obwohl sie nicht lesen und schreiben kann. Sie sagt immer ganz laut, was sie gerade denkt. Ich bewundere sie.

Solange der Zirkus in Gößnitz bleibt, wird Anita in unsere Klasse gehen, und sie will jeden Tag eine Extravorstellung im Klassenraum geben. Ich werde genau aufpassen und zu Hause so lange üben, bis ich die Kunststücke auch so gut kann wie sie.

»Heute gibt es eine Neuigkeit für euch«, beginnt Fräulein Ziehne den Unterricht. »Ihr bekommt einen neuen Lehrer, der euch eine sehr wichtige Sprache beibringen wird; es ist die Sprache unserer Befreier!« Sie macht eine Pause.

›Die Befreier, das werden die Russen sein‹, denke ich.

In der Wochenschau im Kinosaal hatte ich diese Worte schon oft gehört.

Ich melde mich und schnipse ganz doll mit dem Finger. Fräulein Ziehne sagt erstaunt: »Ja was, Liese?«

»Das sind bestimmt die Russen«, sage ich, »und Russisch wollte ich schon lange lernen. Ich will auch später nach Rußland, dorthin, wo sie den Film von der Steinernen Blume gedreht haben.«

Die Kinder in der Klasse lachen. Mein Gesicht wird heiß, ich setze mich, und Renate, meine Nachbarin, sagt: »Die Steinerne Blume gibt es doch gar nicht echt, du spinnst ja.«

Das weiß ich auch, aber immerhin sind es die Russen, die so schöne Märchenfilme gemacht haben.

»Ja, ihr bekommt einen Russischlehrer«, spricht Fräulein Ziehne weiter, »in der nächsten Stunde kommt er, und dann kannst du ihm sagen, wie sehr du dich auf das Russischlernen freust, Liese.«

Ich werde bestimmt nichts mehr sagen, die lachen mich sonst nur wieder aus.

Nach der Deutschstunde kommt der neue Lehrer. Herr Renner heißt er, er hat einen grauen Anzug an, und er hat einen roten Kopf. Nachdem er sich vorgestellt hat, schreibt er die kyrillischen Buchstaben an die Tafel, und wir schreiben sie in ein Heft.

Das Schreiben der sonderbaren Buchstaben macht mir Spaß, und ich freue mich schon auf die nächste Russischstunde.

In der Pause geht Anita herum und kassiert.

»Hier, Liese«, sagt sie und schüttelt danach ihr Tuch auf meiner Schulbank aus, »wir gucken mal, was alles dabei ist.«

Ich freue mich, daß Anita mich zu ihrer Vertrauten auserwählt hat und schaue mir alle »Bezahlungen« an. Kleine, schon weit abradierte Radiergummis, Pfennige, Knöpfe, kurze Bleistifte, Streichhölzer, Pflaumen und ein noch eingepacktes Schulbrot.

»Komm, die essen wir«, sagt Anita und hält mir ein paar Pflaumen hin. Sie spuckt die Kerne weit durch die Klasse.

Meine sammle ich in der Hand, weil ich mich nicht getraue zu spucken.

Frühling 1948
Gibt es irgendwo anders eine bessere Welt als die, in der wir gerade leben? Gibt es woanders mehr Glück für uns alle?

Ich bin nicht die einzige in der Familie, die Russisch lernt. Vater ist auch Russischschüler, obwohl er doch schon ein Mann ist. »Aber zum Lernen ist man nie zu alt«, sagt er.

Er hat einen dicken Packen Hefte, auf die er sehr stolz ist. Mutter hat sie ihm selbst gemacht; denn Schreibhefte sind sehr schwer zu bekommen. Sie hat Papierblätter in der Mitte umgeknickt und dann mit einem Faden zusammengeheftet. Die ersten Hefte hat Vater schon vollgeschrieben, eng aneinander stehen die russischen Vokabeln, die Texte und die Übersetzungen. Vater ist ein ungeheuer fleißiger Schüler. Wenn er sich am Abend von der anstrengenden Arbeit in der Kohlengrube ausgeruht hat, setzt er sich zu seinen Heften und lernt. Und zweimal in der Woche geht er abends in die Schule.

Neulich hatten wir Besuch von einem seiner neuen Schulkameraden, oder genauer gesagt, vom Sohn seines neuen Schulkameraden. Der Schulkamerad war nämlich unten am Weg stehengeblieben und wartete, bis der Sohn wieder zurückkam. Der Junge war zu uns heraufgekommen und hatte ganz vorsichtig an die Tür geklopft. Ich habe aufgemacht, und da stand er und hatte eine Jacke und eine Hose über dem Arm. Er suchte mit den Augen meinen Vater.

»Diesen Anzug schickt Ihnen mein Vater«, sagte er schüchtern, »er hat nämlich noch einen anderen im Schrank hängen«, dann gab er ihn Mutter.

Mutter war ganz sprachlos vor Freude; denn einen richtigen Anzug hatte Vater seit dem Kriegsende nicht wieder besessen. Vater bedankte sich herzlich, und der Junge verschwand ganz schnell wieder.

»Ich muß zurück zu meinem Vater, er wartet auf mich«, rief er, als er schon auf der Treppe war.

Vater probierte den Anzug gleich an. In der Länge paßte er, nur war er etwas zu weit, denn Vater war sehr schmal geworden.

Seitdem zieht Vater den Anzug immer in die Abendschule an, damit sein Schulkamerad sieht, wie sehr er sich darüber freut.

Heute ist ein Brief angekommen, aus dem Westen. Tante Lotte hat ihn geschickt. Sie wohnt bei Frankfurt am Main, in dem Teil Deutschlands, der von Amerikanern besetzt ist. Mutter läuft immer wieder zum Fenster, sieht nach, ob Vater nicht schon von der Arbeit nach Hause kommt. Sie will erst mit ihm über den Brief sprechen, bevor sie uns Kindern sagt, was darinsteht. Mit Großmutter unterhält sich Mutter auf tschechisch. Die beiden machen ganz ernste und wichtige Gesichter. Tschechisch reden sie immer dann, wenn wir Kinder nicht verstehen sollen, was sie sagen.

Endlich kommt Vater nach Hause. Mutter kann es gar nicht abwarten, bis er sich gewaschen hat und am Tisch sitzt. Vater sieht sehr müde aus, so wie jeden Abend. Jetzt arbeitet er schon über zwei Jahre im Kohlebergwerk, aber die harte Arbeit fällt ihm immer noch sehr schwer.

Mutter legt ihm den Brief von Tante Lotte neben den Teller. Er liest schweigend darin und legt ihn wieder auf den Tisch. Er sagt nichts. Dann ißt er die Suppe und holt sich mit großem Genuß das Mark aus den Suppenknochen, die ihm Großmutter neben den Teller gelegt hat. »Statt Fleisch«, sagt sie.

»Was schreibt Tante Lotte denn, sag es uns doch endlich«, bettle ich.

Vater antwortet: »Sie schreibt, wir sollen in den Westen kommen, bevor die Grenze zugemacht wird.«

Das war es also. Wir sollen wegziehen, umziehen, aus der sowjetischen Besatzungszone in die amerikanische. Darum die Geheimnistuerei, das Tschechischreden.

»Wollt ihr denn weg von hier?« fragt Christl, die die ganze Zeit über ebenso gespannt dagesessen hat wie ich.

»Wenn man nur wüßte, ob du drüben auch wirklich eine andere Arbeit findest, ob du wieder Rechtsanwalt sein könntest«, meint Mutter.

»Wir haben nichts und müssen drüben wieder genauso von vorn anfangen wie hier«, sagt Vater. Nachdenklich fügt er hinzu: »Aber wir haben doch auf die Dauer eine größere Chance als im russisch besetzten Gebiet. Drüben haben die Menschen mehr Freiheit. Aber Wohnungen gibt es ebensowenig wie hier.«

»Im Westen weiß man ja kaum, wo man die vielen Flüchtlinge unterbringen soll, die Städte sind genauso zerbombt wie hier.« Das war Großmutter.

Aus ihren Worten höre ich, daß sie keine große Lust hat, wieder weiterzuziehen.

Aber Mutter nimmt den Brief, zeigt auf eine Stelle darin und liest laut vor:

> »Für die erste Zeit könnt Ihr bei uns wohnen, und die Kinder bleiben so lang bei Großmutter in Gößnitz, da habt Ihr Zeit, Wohnung und Arbeit zu suchen...

Wie Lotte sich das vorstellt! Wir können euch doch hier nicht allein lassen«, sagt Mutter.

»Wenn ihr euch dafür entscheidet, passe ich schon auf die Kinder auf«, antwortet Großmutter, und mit einem Seufzer fügt sie hinzu: »Es geht halt immer weiter weg von der Heimat.«

»Aber wir würden Vaters Schwester, Tante Ella, und eure andere Großmutter wiedersehen«, antwortet Mutter und erklärt uns: »Ihr Flüchtlingszug fuhr 1945 in den Westen. Es wäre doch gut, wenn wir in der Nähe unserer Verwandten sein könnten.«

»Wir werden uns alles gut überlegen.« Vater gibt Mutten den Brief, sie steckt ihn in ihre Dokumententasche.

›Noch ist nichts entschieden‹, denke ich.

Beim Geschirrabtrocknen frage ich Christl, ob sie von hier weg will.

»Ich möchte eigentlich am liebsten hierbleiben«, sagt sie. Darüber bin ich froh.

Großmutter will sich gleich nach dem Abendessen niederlegen. Die Rippen tun ihr weh. Heute vormittag hat sie beim Gemüseeinkaufen am Marktplatz einen Stoß in die Seite bekommen. Ein Mann hatte sich vorgedrängt, obwohl alle anderen Leute in der Schlange geblieben sind. Als Großmutter drankam und gerade einen Weißkohlkopf hochhielt, hat er sie mit dem Ellbogen einfach weggestoßen.

»Die Menschen benehmen sich manchmal schlimmer als die Tiere, wenn sie Hunger haben«, hat Großmutter gesagt.

Herbst 1948

Einer will nachsehen und prüfen, ob es das bessere Leben wirklich gibt

---

Ich kaue auf meinem Bleistift herum, weil ich gar nicht so richtig weiß, wie ich den Brief an Vater anfangen soll. Ich könnte Vater ja sehr viel erzählen, von meinen Freunden draußen, von meinen Spielen mit ihnen, vom Seilspringen und daß ich fünfzigmal Hüpfen auf einem Bein hintereinander geschafft habe.

Erzählen könnte ich ihm auch vom »Kartoffelnstoppeln«. Daß ich oft mit Mutter zusammen die abgeernteten Kartoffelfelder abgehe und mit ihr die noch zurückgebliebenen Kartoffeln auflese und daß wir manchmal eine ganze Tasche voll nach Hause bringen. Oder daß ich mit Walter zusammen den Zuckerrüben Gesichter schnitze, dann einen Stock in die Rübenköpfe hineinstecke und mit ihnen Theater spiele. Ich kann meine Stimme ganz gut verstellen, so daß ich in einem Stück gleichzeitig die Prinzessin und die Hexe spielen kann. Und wir müssen immer wieder neue Puppenköpfe schnitzen, weil die Rüben so schnell austrocknen und schon nach zwei Tagen ganz schrumpelig sind. Wie von selbst verwandelt sich dann die Prinzessin in eine alte Hexe. Hoffentlich erntet der Bauer nicht so schnell das Rübenfeld ab, damit wir noch lange Nachschub holen können.

Aber das alles wird Vater nicht so sehr interessieren. Ich sollte ihm besser erzählen, daß Mutter jeden Tag in der Gärtnerei arbeitet, Gemüse erntet, abwiegt und bündelt, und wie sie im Gewächshaus Blumen umtopft. Ich könnte Vater schreiben, daß der Gärtner aus freien Stücken Mutter Geld geschenkt hat, nur so, weil er uns helfen wollte. Er hat gesagt, daß er das Geld spätestens bei der Währungsumstellung verlieren würde, denn jede Person dürfe nur 60 Mark bei der Bank gegen neues Geld umtauschen. Weil Mutter nicht einmal für jeden von uns einen solchen Betrag besitzt, hat der Gärtner uns einfach das fehlende Geld geschenkt. Das wird Mutter dem Vater aber wohl schon selbst geschrieben haben, denn es ist schon einige Wochen her. Sie spricht aber noch so oft davon, als wäre es gestern gewesen. Mutter hat damals auch gesagt, daß es gut sei, daß alle Deutschen mit gleichviel Geld wieder nach dem Krieg anfangen müßten. Wir sind aber trotzdem im Nachteil, weil wir ja alle unsere Sachen und unseren Besitz in der Tschechoslowakei zurücklassen mußten, als wir vertrieben wurden, und auch, weil wir kein monatliches Gehalt bekommen. Ich werde Vater besser schreiben, daß ich bei der Hochzeit von Wittes Schwester Blumen gestreut habe und daß ich dasselbe hellblaue Kleid wieder ausgeliehen bekam, das ich auch zur Erstkommunion trug.

Lieber Vater!

So, der Anfang steht. Ich sehe noch einmal auf Vaters Brief, er liegt neben meinem noch leeren Blatt. Seine Schrift ist eng und schräg, meine ist rund und groß. Ob ich zu Hause fleißig helfe, fragt er gleich am Anfang, und ob ich gut in der Schule bin. Das interessiert Vater am meisten. Also schreibe ich ihm erst einmal, daß ich gute Noten in der Schule bekommen habe und daß ich oft zu Hause helfe.

Ach ja, darüber wird er sich auch freuen: Ich schreibe ihm von meiner hellbraunen Blockflöte, die Mutter mir zum Geburtstag geschenkt hat, und daß ich Flötenunterricht bekomme. Ich bitte ihn auch, daß er mir im nächsten Brief noch mehr von Hannover erzählen soll; ich frage ihn, ob es in Hannover wirklich so viele Ruinen gibt, die vom Bombenkrieg herrühren.

Vater war ja zuerst zu Tante Lotte nach Frankfurt gefahren. Dann hörte er, daß es in Hannover Arbeit gäbe und da ist er gleich hingefahren. Jetzt wohnt er in einem Barackenraum mit fünf anderen Arbeitern zusammen, die wie er auf dem Bau arbeiten. Vater schreibt auch noch, daß er so beim Wiederaufbau Deutschlands mithelfen könne. Wenn nämlich wieder genügend Häuser aufgebaut sind, wird er auch bestimmt eine Wohnung für uns finden und alle nachholen.

Großmutter hatte also doch mit ihrer Meinung recht gehabt, daß es im Westen schwer sei, eine Wohnung zu finden.

Aber Vater ist dann doch gefahren. Er glaubte, im Westen würde für ihn alles leichter sein. Er hoffte, dort mit der Zeit wieder ein Anwaltsbüro einrichten zu können.

»Drüben gibt es viel mehr zu essen«, sagte er, »viel Schokolade und Südfrüchte, Sachen, die wir hier noch nie gesehen haben.«

Ist Vater nicht auch deswegen in diesem Sommer schon nach drüben gefahren, weil es hieß, die Grenze zwischen unserer, von den Russen besetzten Zone und Westdeutschland würde dichtgemacht? Die Grenze sollte ein Eiserner Vorhang werden, durch den niemand mehr vom Osten in den Westen ziehen darf.

Ob Vater sich geirrt hat? Ob die Leute sich hier in Gößnitz alle irren? Aber sie beneiden Vater darum, daß er in Hannover Arbeit gefunden hat, und sagen, sie möchten am liebsten auch dort sein. Und Elsa, meine Freundin, hat mir erzählt, daß ihre Schwester in Bayern mit einem amerikanischen Soldaten verlobt ist, der ihr ganz viel Bohnenkaffee schenkt.

Ich will Vater fragen, wie es wirklich ist.

Unter den Brief male ich noch ein Bild, wie Vater die Arme nach uns ausstreckt, und wie wir auf der anderen Seite alle auf ihn warten.

Frühling 1949

Wenn Mutter nicht da ist und nicht sorgen kann, wachsen Kindern manchmal Flügel

---

Ein klappriges Lastauto kommt mir auf der Landstraße entgegen, es zieht eine graue Staubwolke hinter sich her. Der Fahrer grinst mich aus seinem Führerhaus heraus an, jetzt bin auch ich in Staub eingehüllt. Langsam verzieht sich die Staubwolke wieder, senkt sich auf den Wiesenrand neben der Straße. Der ist schon ganz grau.

Ich laufe weiter. Die Landstraße nach Löhmingen scheint heute endlos lang zu sein. In meiner Erinnerung war das Dorf nicht so weit entfernt von zu Hause. Vielleicht kommt das daher, weil ich jetzt alleine gehe, ohne Mutter, und weil ich niemanden habe, mit dem ich mich unterhalten kann.

Da vorn ist endlich das erste Haus zu sehen, jetzt die Dächer der anderen Häuser. Sie winken mir zwischen den Bäumen hindurch richtig entgegen. Ich bin auf dem Weg zu Lehnerts, der netten Bauernfamilie, die mir einmal den hellblauen Mantel geschenkt hat. Wir haben sie nicht oft besucht, aber jedesmal, wenn wir dort waren, wurden wir freundlich empfangen. »Wir geben den Kindern immer etwas zum Essen mit, wenn sie zu uns kommen«, hatte

Frau Lehnert nun auch bei unserem letzten Besuch zu Mutter gesagt. Sie würde uns nicht im Stich lassen. Das hat Mutter sehr beruhigt, als sie in den Westen zu Vater fuhr.

Heute hatten wir Hunger, und Großmutter wäre froh gewesen, wenn wir etwas Milch oder Quark gehabt hätten. Sie sorgt jetzt allein für uns drei Kinder, seitdem Mutter weg ist. Deshalb habe ich die Milchkanne genommen und das blaue Einkaufsnetz und bin losgegangen. So hätte es Mutter ganz bestimmt auch gemacht.

Während ich die Dorfstraße entlang gehe, versuche ich, mir das freundliche Gesicht der Lehnert-Bäuerin unter ihrem rotgewürfelten Kopftuch vorzustellen.

Hoffentlich ist sie daheim. Mir kommt erst jetzt der Gedanke, daß sie vielleicht auf dem Feld ist und ich womöglich den weiten Weg ganz umsonst gemacht habe.

»Sie muß daheim sein, sie muß daheim sein!« sage ich laut vor mich hin, so, als hätten meine Worte Zauberkraft.

Da, vor der Tür des Bauernhauses, an dem ich gerade vorbeigehe, liegt ein weißer Spitz in der Sonne. Er hat wohl meine Stimme gehört, denn er spitzt plötzlich die Ohren. Und wie der Blitz springt er auf und schießt zu mir her, kläfft mich ganz heiser an und umkreist mich mit Sprüngen und Knurren. Ich habe schreckliche Angst, bleibe stehen und halte die Milchkanne über den Kopf. Das hätte ich nicht tun sollen, denn jetzt springt der Spitz an mir hoch, schnappt nach der Kanne und sieht mich böse an.

»Geh weg«, rufe ich, »geh weg!«

»Maxe«, kommt eine scharfe Stimme aus dem Haus. Das ist meine Rettung. Ohne einen Augenblick zu zögern, läßt der Spitz von mir ab, dreht sich um und läuft zurück. Dort hinten in der Stalltür steht eine Frau, sie hat ihn gerufen. Ich renne, so schnell ich kann, weiter, nur weg von dem kläffenden Ungetüm, biege in einen schmalen Sandweg ein, scheuche eine Schar Tauben auf und stehe endlich im Schatten von Lehnerts Haus, auf dem mit roten Ziegelsteinen gepflasterten Hof.

Alles ist ruhig hier, die Türen sind geschlossen, das Scheunentor auch. Ich klopfe an die Haustür. Doch da kann mich niemand hören und auch niemand »Herein« rufen, weil erst die Diele kommt und dann erst die Küche, in der jemand sein könnte. Darum drücke ich gleich die Klinke und öffne die Tür einen Spalt. Gleich zwängt sich eine graue Katze heraus, streicht um meine Beine und schnurrt. Ich gehe durch die Diele und gucke zur offenen Küchentür rein. In der Küche sitzt eine Frau. Ich habe sie schon mal gesehen, früher, sie gehört zu den ostpreußischen Flüchtlingen, die auf dem Hof einquartiert sind. Sie sitzt am Tisch und schält Kartoffeln.

»Guten Tag«, sage ich und bleibe stehen.

»Was willst du?« fragt die Frau.

»Ich will zu Frau Lehnert«, sage ich.

»Die ist nicht da.« Ihr Blick bleibt an meiner Milchkanne hängen: »Die Milch ist heute schon weg, erst am Abend wird wieder gemolken.«

»Aber...« Mehr bringe ich nicht heraus.

»Hier, iß«, sagt die Frau und reicht mir eine rohe geschälte Kartoffel herüber.

Sie schmeckt mir, und ich kriege gleich noch eine.

»So, und jetzt geh«, sagt die Frau.

Ich bewege mich nicht von der Stelle und starre sie an. Sie kann mich doch nicht so einfach fortschicken; über eine Stunde bin ich hergelaufen und habe Großmutter versprochen, Milch für die Milchsuppe heimzubringen. Ich sage nichts, aber ich setze mich auf die Holzbank und warte einfach ab.

Niemand von uns beiden sagt etwas, ich höre, wie die Frau wieder das Schälmesser ansetzt und ein leises, ziehendes Geräusch beim Abschälen macht und wie jedesmal die geschälte Kartoffel mit einem leichten Klatschen in den Eimer mit Wasser fällt.

Von draußen kommt Geräusch von einem Pferdewagen. Die Küchentür wird gleich darauf energisch geöffnet.

»Das wär geschafft«, sagt Frau Lehnert, als sie hereinkommt.

Jetzt sieht sie mich, ich lächle sie an.

»Das ist ja die Liese!« sagt sie. »Habt ihr schon Nachricht von eurer Mutter?«

Ich erzähle ihr, daß wir einen Brief von ihr haben und daß sie schon bei Vater in Hannover ist.

»Na, Gott sei Dank, dann hat sie es ja geschafft über die Grenze«, sagt Frau Lehnert, und zu der Ostpreußin sagt sie noch: »Ich hab gehört, daß die Grenze jetzt dicht ist. Wenn die Russen jetzt jemanden auf der Grenze erwischen, auf den schießen sie.«

Ich horche auf. Das hatte Mutter uns nicht vor ihrer Abreise gesagt. Sie wird es doch wissen, weil sie ja wieder zurück will, zu uns, nach Gößnitz. Vielleicht wollte sie Großmutter und uns keine Angst machen und hat es darum nicht gesagt, hat das von der gefährlichen Grenze für sich behalten. Ich werde es lieber auch für mich behalten.

Frau Lehnert geht in die Milchkammer, ruft mich zu sich und schüttet wie selbstverständlich aus einem blaugetupften Krug Milch in meine Kanne. Dabei guckt sie mich freundlich an. Nun greift sie auch noch in den Eierkorb, nimmt drei Eier heraus, wickelt sie vorsichtig in Zeitungspapier und legt sie in mein Netz.

»Nein, ihr seid ja vier«, sagt sie und gibt noch eins dazu. »So, und das trinkst du gleich hier aus!« Sie gießt Milch in einen weißen Becher. Ich trinke die Milch gierig, sie schmeckt kühl und sahnig.

»Und einen schönen Gruß an deine Großmutter«, ruft sie mir nach, als ich mich bedankt habe und zur Türe gehe.

Ob die Frau in der Küche neidisch auf mich ist, daß ich nun doch noch Milch bekommen habe? Sie guckt mich gar nicht mehr an.

Draußen denke ich wieder an Mutter. Sie wird das mit der gefährlichen Grenze doch hoffentlich wissen!

Da, wo der Sandweg auf die Straße stößt, fällt mir der

Spitz wieder ein. Ich hab Angst um die Eier, halte das Netz fester und drücke den Deckel auf die Milchkanne. Maxe heißt der Hund, das wenigstens weiß ich jetzt, und vielleicht wird er ruhig bleiben, wenn ich ihn so rufe. Maxe liegt tatsächlich noch da. Zum Glück hat er die Augen geschlossen. So schnell und so leise wie ich nur kann, schleiche ich vorbei. Nun kann er mich nicht mehr sehen. Der Heimweg ist weit, aber ich gehe flott, weil ich mich schon auf Großmutters überraschtes Gesicht freue.

Am späten Nachmittag bin ich zu Hause. Großmutter ist wirklich sehr froh. Sie sagt, daß sie Mutter schreiben will, wie gut ich für sie alle sorge.

Ich bin auch sehr zufrieden mit mir.

Beim Essen sitzen Christl und Wolfgang mit am Tisch. Sie sprechen von Hannover und tun so, als wäre es das Natürlichste von der Welt, so einfach aus Gößnitz wegzufahren, so einfach über eine gefährliche Grenze zu gehen. Aber sie wissen ja nicht, was ich weiß, und ich behalte für mich, was Frau Lehnert gesagt hat. Ich muß an alle meine Freunde denken, ich habe so viele, die ganze Bande, die Puppenspieler, Walter, Elsa, Waltraud.

Ich will nicht weg von hier und muß heulen. Die Tränen laufen mir übers Gesicht.

»Heulsuse, Heulsuse«, sagt Wolfgang. Dafür trete ich ihm unter dem Tisch gegen das Bein.

»Hört auf zu streiten«, sagt Großmutter, »wir warten jetzt erst mal ab, wie sich Mutter und Vater entscheiden. Vielleicht bleiben wir ja noch ganz lange hier.«

»Ich will aber nach Hannover«, schreit Wolfgang. Ich glaube, das sagt er nur, weil er zu Mutter will, egal, wo sie ist.

»Wenn wir in den Westen ziehen, muß ich meine Buntstifte hierlassen«, sage ich langsam.

»Warum denn das? Die kannst du doch drüben auch brauchen«, sagt Großmutter.

»Wenn ich in den Westen ginge, würde ich sie alle hier im Stich lassen, hat Waltraud gesagt. Denn sie können nicht weg, und dafür soll ich ihnen wenigstens etwas hierlassen; im Westen gibt es ja sowieso alles.«

»Weiß Waltraud denn auch, daß Vater dort nicht viel Geld verdient und selbst noch im Barackenlager wohnt?« fragt Großmutter.

»Das habe ich ihr erzählt, aber sie glaubt es mir nicht. Wenn es im Westen schlecht wäre, würdet ihr ja nicht hinziehen, sagt sie.«

»Na gut, dann wirst du ihr eben die Buntstifte hierlassen, falls wir überhaupt umziehen«, sagt Großmutter.

»Und Schokolade soll ich ihnen auch schicken, damit sie merken, daß ich an sie denke, wenn es mir gutgeht.«

Abends schreibe ich in mein Tagebuch:

> Die Grenze ist gefährlich. Ich will nicht wegfahren, fortfahren, wegmachen, ausziehen, flüchten, abhaun, im Stich lassen, türmen, über die Grenze machen.
>
> Ich will nicht weg!

Wie eine Beschwörungsformel steht es da. Ich schiebe das Tagebuch unter meine Matratze.

Frühsommer 1949
Schwein ist ein anderes Wort für Glück – und was ist Glück?

Nun gibt es kein: »Vielleicht bleiben wir doch hier« mehr. Wir werden wirklich in die Westzone nach Hannover zu Vater ziehen. Nur Großmutter darf hier in Gößnitz bleiben. Ich nicht. Dabei möchte Großmutter viel lieber mitkommen, damit sie hier nicht so allein ist. Wir könnten tauschen. Aber darauf läßt sich Mutter nicht ein.

»Wenn wir drüben eine Wohnung haben, holen wir Großmutter nach«, sagt Mutter.

Meine Freunde sind auch nicht damit einverstanden, daß ich wegziehe. Aber gegen den Willen der Eltern kann man nichts machen. Sie haben Gründe, fortzuziehen. Manchmal glaube ich aber, Mutter würde auch lieber hierbleiben. Ich sehe das an ihrem Gesicht, wenn ich sie frage, wo wir in Hannover wohnen werden. Aber sie gibt das nicht zu, jedenfalls vor mir nicht. Als Mutter von Westdeutschland zurückkam, hat sie uns gesagt, daß wir drüben noch mal einen neuen Anfang machen wollen; vielleicht bekommen wir drüben bald eine bessere Wohnung und Vater eine bessere Arbeit.

Vor vier Jahren haben wir hier in Gößnitz erst einen neuen Anfang gemacht, damals, als ich zum zweitenmal in das erste Schuljahr eingeschult wurde.

Als wir als Heimatvertriebene krank und müde hier ankamen, vor vier Jahren, durften wir hier wohnen bleiben. Wir haben die Freundschaft der Gößnitzer gewonnen.

Ich erinnere mich noch genau an die überfüllten Züge, an die Flüchtlingslager, an den Hunger, an den Durst auf den heißen Bahnhöfen, an die Aufregung, wenn ein Zug einfuhr, das Gedränge, die Angst, Mutter zu verlieren. Ich will sowas nicht noch mal erleben, ich will nicht. Wer sagt schon, ob es nicht wieder so eine Fahrt wird? Wir müssen es schaffen, über die Grenze zu kommen, wir müssen den Eisernen Vorhang überqueren. Mutter ist nicht sicher, ob wird das schaffen, ob wir vielleicht wieder zurückmüssen, wenn die russischen Wachtposten uns nicht durchlassen.

»Liese, du träumst schon wieder, was ist bloß los mit dir in der letzten Zeit?« Herr Gabler steht vor meiner Schulbank.

Ich sehe ihn an, meinen neuen Deutschlehrer, komme wie von weit her zurück. Sein Gesicht ist ein ovales Feld voller Sommersprossen, aus dem freundliche graublaue Augen blicken. Ich brauche gar nichts zu sagen, er wird nicht mehr schimpfen, er mag mich. Ich mag ihn auch.

Auf dem Heimweg werde ich auf ihn warten und ihm sagen, daß ich nächste Woche wegfahre, für immer.

»Erzählt es nicht überall herum«, hatte Mutter gesagt, »sonst bekommen wir noch Schwierigkeiten.«

Aber Herr Gabler muß es doch wissen! Wenn mein Platz auf der Bank leer ist, muß er doch wissen, wo ich bin. Er wird mich bestimmt vermissen, das weiß ich. Und ich will mich von ihm nicht einfach wegstehlen.

Ob ich in der Schule in Hannover weiter Russisch lernen kann? Mutter glaubt, ich muß Englisch lernen, weil dort England die Besatzungsmacht ist. Weiß sie auch, wie dort die Lehrer sind? Ich kann einfach nicht mehr richtig aufpassen, weil ich zuviel denken muß.

Nach der Schule gehe ich mit Herrn Gabler aus dem Schulhaus. Wir laufen zusammen über den grauen Schotterplatz, unseren Schulhof. Ich gehe dicht neben Herrn Gabler her, sehe immer auf seine braune Aktentasche neben mir und weiß nicht, wie ich anfangen soll.

Er sagt auch nichts.

So gehen wir noch bis zur Kreuzung. Jetzt muß ich es sagen, denke ich, gleich wird er »Bis morgen« sagen, und dann ist er weg.

»Nächste Woche bin ich im Westen«, stoße ich hervor.

Er bleibt stehen, sieht auf mich herunter: »Ach! – Ja?«

»Wir fahren zu meinem Vater, er ist schon in Hannover.«

»Der hat ein Schwein«, sagt er dann und »bis morgen, Liese!«

Mehr sagt er nicht, er geht einfach, schlenkert mit der Aktentasche und biegt um die Ecke. Ich bin enttäuscht und trotte ganz langsam nach Hause. Ich verstehe nicht, wieso Vater ein Schwein haben soll.

Beim Mittagessen erklärt mir Mutter, daß Schwein ein anderes Wort für Glück ist. »Herr Gabler möchte wohl auch gern in den Westen, wenn er sowas sagt«, meint Mutter.

»Warum bloß will er denn weg, er hat es doch gut hier«, sage ich.

»Das hat auch politische Gründe«, antwortet Mutter.

»Die drei westlichen Siegermächte, die Amerikaner, Engländer und Franzosen, lassen den Deutschen wieder mehr Rechte. Die Deutschen drüben haben sich ein neues Grundgesetz geben können und dürfen sich wieder selbst regieren. Sie dürfen auch den Beruf ausüben, den sie gelernt haben. Aber es ist nur das halbe Deutschland. Die sowjetische Besatzungszone macht dabei nicht mit. Und das weiß dein Herr Gabler, Liese.«

»Und deshalb gibt es dazwischen die Grenze«, sage ich.

Mutter nickt. Sie hat nur eine kurze Mittagspause, sie muß wieder in die Gärtnerei zurück und Beete hacken. Sie bindet sich ihr Kopftuch um und geht. Ich setze mich an meine Schularbeiten, die letzten in Gößnitz.

Ich schreibe sie mit meiner schönsten Schrift.

Sommer 1949

Züge ... Züge, voll besetzt von West nach Ost, fast voller noch von Ost nach West, und dazwischen der Eiserne Vorhang

---

Das gleichmäßige Rattern des Zuges macht mich schläfrig. Wolfgang hat auch die Augen geschlossen, er kuschelt sich mir gegenüber in Mutters Arm und schiebt dabei ihre wichtige Stofftasche, die an einem schwarzen Band über ihrer Schulter hängt, einfach zur Seite. Schweißperlen sind auf Wolfgangs Stirn, auch auf Mutters. Es ist heiß im Abteil. Ich darf aber meinen Mantel nicht ausziehen, weil ich ihn beim Aussteigen im Gewühl nicht mehr finden würde, hat Mutter gesagt. Christl sitzt neben mir, hat auch ihren Mantel an. Es ist eng auf dem Sitzplatz. Christl drückt mich ganz weit in die Ecke und zeigt dabei verstohlen auf ihre Nachbarin, eine dicke Frau mit Kopftuch, von der sie zu mir hingedrängt wurde. Und daneben ist noch eine Frau – ich sehe nur ihre Beine, sie hat sie weit nach vorn gestreckt. Ihr gegenüber, neben Mutter, sitzt ein

Ehepaar auf der Bank. Der Mann hat ein rotes Gesicht, wischt sich ständig den Schweiß von der Stirn. Seine Frau unterhält sich mit der Dicken. Zwischen unseren Beinen sind Taschen, verschnürte Kartons, über uns Koffer, Rucksäcke.

Im Gang draußen stehen die Menschen eng zusammengedrängt. Vor ein paar Minuten ist der Schaffner im Gang über die Leute und das Gepäck gestiegen und hat sich auch in unserem Abteil die Fahrkarten angesehen. So lange wollte ich wach bleiben, die Augen wenigstens auflassen, nicht schlafen. Ich wollte hellwach sein, sehen, ob der Schaffner Verdacht schöpft, ob er merkt, daß wir die russische Zone verlassen möchten, daß wir nicht in dem Grenzort Öbisfelde mit unserem vielen Gepäck bleiben wollen.

Der Schaffner hat aber nichts gemerkt, hat sich die Fahrkarten ganz ruhig angesehen, geknipst, hat uns Kinder gezählt, eins, zwei, drei, dann kamen die anderen dran. Beim Hinausgehen ist er über meinen Rucksack gestolpert. Bis Magdeburg kann ich jetzt ruhig die Augen zumachen. Ich bin so müde. Heute früh um drei Uhr mußten wir aufstehen. Die Sachen waren schon gepackt. Abschied von Großmutter.

Walters Mutter war mit zum Bahnhof gegangen, sie hatte ihren Leiterwagen dabei, auf den wir unser Gepäck geladen hatten.

»Das mach ich gern für euch«, hat sie gesagt, und »ihr werdet mir fehlen.«

Walter hatte mir ganz fest versprochen zu winken. Aber er hat verschlafen. Er hätte wenigstens aus dem Fenster sehen können, als ich über den Gartenweg wegging.

Ich höre noch das Quietschen und Knarren der Holzräder, wie Walters Mutter den Leiterwagen den Pfarrberg hinunterzog, dem Bahnhof zu. Keine Leute auf den Straßen, keine Kinder vor den Haustüren, alles leer. Niemand war da zum Abschied, zum Winken, zum Sagen: »Komm bald wieder«.

»Es ist besser, es sieht uns niemand«, hatte Mutter gesagt.

Mir kam es vor wie ein Wegstehlen, ein heimliches Verschwinden aus der Stadt, die ein neues Zuhause für mich geworden war.

Unten, im verwilderten Garten gegenüber dem Bahnhof, machten die Frösche ein Konzert.

»Abschiedskonzert«, sagte ich.

Mutter lachte kurz, ich sah Tränen in ihren Augen. Ob sie auch daran dachte, wie wir vor vier Jahren hier angekommen sind? Ich jedenfalls mußte daran denken, muß immer daran denken, wenn ich den Bahnhof sehe. Und jetzt stand ich wieder mit demselben Rucksack da, nur Großmutter fehlte. Sie blieb in Gößnitz, wollte warten, bis wir in Hannover eine Wohnung gefunden haben, und dann wollte sie nachkommen. Sie wollte am Ende gerne noch eine Weile bei den Gößnitzern bleiben, und vor allen Dingen wollte sie noch meinen Preis in Empfang nehmen. Einen Preis für meinen Aufsatz: ›Was ich werden will und warum‹. Aus jeder Klasse waren die besten Aufsätze ausgesucht und nach Berlin in das Büro der Jungen Pioniere geschickt worden. Herr Gabler hat mir am letzten Schultag noch schnell gesagt, daß ich einen Preis bekommen habe. Natürlich hatte ich in dem Aufsatz geschrieben, daß ich Russischlehrerin werden und nach Moskau fahren möchte, und daß ich das Land mit den schönen Märchen kennenlernen will.

Hoffentlich geben sie Großmutter auch jetzt noch den Preis, wenn sie merken, daß ich nicht mehr da bin.

»Was ich wohl gewonnen habe?« sage ich zu Christl.

»Wo gewonnen?« fragt sie geistesabwesend.

»Na, bei dem Preisausschreiben!«

»Die geben bestimmt an niemand den Preis, der in die Westzone abgereist ist«, meint sie leise.

»Doch, das müssen sie aber«, sage ich, glaube aber selbst nicht mehr richtig daran; Großmutter wird es schon machen.

Halb eingeschlafen höre ich, wie die Frauen sich im Abteil unterhalten, nur verstehen kann ich nicht, was sie sagen. Ihre Worte gehen im Rattern des Zuges für mich verloren. »Ach, wenn ... meinen Sie ... die Westdeutschen haben ...«

Mutter rüttelt mich wach: »Wir sind gleich in Magdeburg. Aufwachen! Nehmt eure Sachen, laßt nichts liegen!«

Ich sehe aus den von Ruß verschmierten Fensterscheiben. Felder, vereinzelt Häuser, eine Baumreihe, sie könnte an einer Straße stehen, die nach Magdeburg führt, Ruinen.

»Dort ist Magdeburg«, sagt Mutter.

»Magdeburg«, sagen auch die anderen Leute im Abteil, jeder sagt es einmal laut, auch Christl und Wolfgang, als könnten sie es nicht recht glauben.

»Das war mal der Dom«, sagt die Frau des Mannes mit dem roten Gesicht.

»Ich seh nur Ruinen«, antwortet er. »Alles kaputt, alles kaputt«, sagt er ganz langsam mehrmals hintereinander. Die Worte bleiben in meinem Kopf hängen. Ich habe sie schon mal gehört. Schon mal beim entsetzlichen Anblick einer zerbombten Stadt: Als wir 1945 bei unserer Vertreibung am Dresdener Bahnhof angekommen waren. Mein kleiner Bruder hatte sie damals ausgesprochen, er war vier Jahre alt.

Der schwitzende Mann mir gegenüber kann auch nichts anderes sagen als diese Worte, und wir können nichts anderes denken. Vier Jahre nach dem Krieg ragen die Ruinen noch in die Luft, die ausgebrochenen Fensterhöhlen starren wie leere Augen zu unserem Zug her. Die Menschen haben die Ruinen noch nicht weggeräumt, noch keine neuen Häuser gebaut. Es waren zu viele Ruinen, überall in den Städten in Deutschland; überall da, wo Amerikaner und Engländer Bomben abgeworfen haben, aus Rache, aus Vergeltung für den langen und bitteren Krieg.

»Sieht es in Hannover auch so aus?« frage ich Mutter.

Sie legt heftig den Finger auf den Mund und sieht mich

entsetzt an. Da bin ich ruhig, frage nichts mehr, darf ja Hannover, die Stadt im Westen, hier nicht erwähnen, das hatte uns Mutter vor der Reise eingeschärft.

Mit lautem Quietschen hält der Zug: Menschen, Menschen. Der Bahnsteig ist voll von ihnen. Wir müssen aussteigen, schieben uns mit den anderen Leuten nach vorn, zum Ausgang hin.

Vanillepudding gibt es in einem kleinen Ausschank, Vanillepudding mit roter Soße. Mutter kauft jedem von uns ein kleines Schälchen.

Bis zur Abfahrt nach Öbisfelde müssen wir zwei Stunden warten. Wir hocken auf unserem Gepäck zwischen den Leuten, bleiben eng beieinander. Wieder sind die Erinnerungen da: an die Vertreibung vor vier Jahren, an das Warten auf den Bahnhöfen, die Unsicherheit, ob der Zug kommt, ob wir mitkommen, uns nicht verlieren, ob wir einen Platz im Abteil bekommen. Und warten, wieder warten.

Die einzige Sicherheit geben mir die Gesichter um mich her: Mutters Gesicht, Christls und Wolfgangs. Solange ich sie sehe, bin ich nicht ängstlich. So war es auch damals, nur damals war noch Großmutter im gewürfelten Kleid dabei – und Mariechen mit den lustigen Augen.

Im Warten auf Bahnhöfen kenne ich mich aus, sogar der Geruch ist mir noch vertraut, Geruch nach Schweiß, Staub und Ruß.

Der Zug kommt.

Wir bekommen alle Platz, sitzen zusammen, die Fahrt vergeht schnell, ich spiele mit Christl und Wolfgang »Ich sehe was, was du nicht siehst«. Es gibt viel Schwarz und Grau im Zug, wenige richtige Farben, und es ist ganz schwierig, zum Beispiel die schwarze linke Schraube am dunkelgrauen Bein der Sitzbank zu erraten.

Nachdem wir mit Spielen aufgehört haben, sehe ich mir die Leute an, teile sie ein in solche, die auch über die Grenze wollen und in solche, die in Öbisfelde bleiben, flüstere meine Überlegungen Christl zu. Sie teilt nicht immer meine Meinung; meine Grenzgänger sind die mit viel Gepäck und vorsichtig guckenden Augen, Christl meint aber, es sind die, die viel reden, die Lauten. Sie sagt, die täuschen vor, daß sie keine Angst haben. Vielleicht hat sie recht.

Am Bahnhof Öbisfelde holt Mutter einen Zettel aus ihrer Dokumententasche, mit Zeichnung und Adresse. Wir gehen durch die Straßen des kleinen Ortes. Nach der Skizze auf dem Zettel sucht Mutter die Leute, bei denen wir uns melden sollen. So braucht sie niemanden nach dem Namen zu fragen, so kann kein Verdacht auf die Leute fallen, die uns über die Grenze helfen werden. Vor einem gelbgestrichenen Haus bleibt sie stehen, klopft. Wir werden hereingelassen, nach oben geschickt, sollen uns in einem Raum für die Nacht niederlegen. Oben sind noch mehr Leute, auch Grenzgänger.

Morgen früh um sechs werden wir über die Grenze gehen. Die Tochter Emmy hat mit dem russischen Grenzposten schon alles besprochen. Mutter gibt ihr Geld, sie gibt uns einen Korb voll Eier und eine Flasche Schnaps dafür.

»Den gebt ihr ihm und sagt, der ist von Emmy«, sagt sie und klopft Mutter auf den Arm.

Im halbdunklen Raum sind Decken ausgebreitet, da legen wir uns drauf. Ich kriege Bauchweh, kriege Angst, möchte heulen, kann nicht, kann auch nicht mit Wolfgang oder Christl reden, habe nur Angst und mache mich unter der Decke ganz klein.

Emmy hat sogar einen Handwagen für unser Gepäck. Sie hilft Mutter beim Ziehen. Zur Grenze gehen wir, dorthin, wo der Eiserne Vorhang zwischen dem Osten und dem Westen sein soll.

Eine Wiese, ein kleiner Bach, ein Holzhaus, weiter drüben eine Brücke, darauf führt unsere Straße zu.

Vor dem Holzhaus zwei Soldaten mit Maschinenpistolen.

»Die Russen«, sagt Mutter. An ihrer Stimme merke ich, daß sie auch Angst hat.

»So, jetzt müßt ihr allein gehen«, sagt Emmy, »ich muß zurück.«

Wir laden das Gepäck ab, setzen die Rucksäcke auf, gehen den russischen Wachtposten entgegen. Die beiden Soldaten stehen und schauen, wie wir auf sie zukommen.

Weit hinter dem Holzhaus ist ein dunkelgrüner Tannenwald, ob das schon die andere Seite ist? Ich sehe zum Tannenwald hin, über die Russen hinweg, will dort drüben sein, im Wald. So sehr ich mich hinüber in den Wald wünsche, es bleibt dabei, ich stehe hier mit den Füßen auf der sandigen Straße, merke, wie meine Knie zittern. Einer kommt uns entgegen, bleibt in einiger Entfernung stehen, sagt was. Ich kann es nicht verstehen, obwohl ich doch Russisch in der Schule gelernt habe.

»Wir haben zuviel Gepäck«, sagt Mutter.

Sie zeigt ihm den Korb mit den Eiern und dem Schnaps.

Er winkt ab.

Er geht zu dem anderen Wachtposten, redet mit ihm, läßt uns stehen. Nach einer Weile ruft er uns was zu. Mutter stellt den Korb mit Eiern und Schnaps an den Straßenrand.

»Dawei, dawei!« ruft er, treibt uns an.

Wir gehen los, Richtung Brücke, rennen, stolpern, ziehen Wolfgang nach, rennen außer Atem, schon sind wir auf der Brücke.

Wir rennen immer noch, als uns einer in Uniform zuruft: »Halt, bleiben Sie doch stehen! Stehenbleiben!«

Die Stimme erschreckt uns, wir bleiben stehen, sehen einen Soldaten. Ist es noch ein russischer Grenzposten? Wird er uns einsperren, zurückschicken?

Er lacht.

»Westen«, sagt er, kommt freundlich auf uns zu. »Sie haben es geschafft.«

Er will unsere Papiere sehen, Ausweise, will wissen, wohin wir fahren wollen.

»Zu meinem Mann nach Hannover«, sagt Mutter.

»Okay«, sagt der Soldat.

Er ist wohl ein Engländer. Ob er uns auch rüberlaufen lassen würde, zurück, für Eier und Schnaps? Ohne zu schießen? Auch er hat eine Maschinenpistole umgehängt.

Ich drehe mich um, sehe die beiden Russen am anderen Ende der Wiese stehen, möchte ihnen zuwinken, trau mich aber nicht, solange der Engländer aufpaßt.

Die Grenze, die Linie, die die Ostzone von der Westzone trennt, kann ich nicht sehen. Aber ich habe sie gespürt, bin sie durchrannt, in Angst, von einem Posten zum anderen, von den Russen zu den Engländern. Und ich spüre es genau, so einfach kann ich da nicht mehr zurück.

Spätsommer 1949

Wenn Hoffnungen, Erwartungen, Wünsche sich nicht erfüllen?
Wenn große Mühen umsonst scheinen?

Ein Birkenwald ist schwer zu puzzeln. Weil alle Teile fast gleich aussehen: schwarzweiße Zweige, hellgrüne Blätter vor blauem Himmel. Wenn doch wenigstens irgendwo ein Tier säße, dann ginge es leichter, eine Waldtaube vielleicht oder eine Maus, aber nur Bäume stehen da.

Noch ein Loch, ausgebuchtet nach der Mitte zu, ist im Himmel, ein größeres außerdem noch da, wo die Bäumchen aus dem Boden kommen. Ob ich es noch schaffe, alle die Teile, bis Mutter kommt?

Die Schwestern haben den Teller, in dem die Haferflockensuppe war, so spät abgeholt, sonst hätte ich schon früher mit dem Bild anfangen können. Aber das Puzzle lag auf dem Nachtschränkchen unter dem Tablett, und ich kann mich noch nicht so gut bewegen, weil die Blinddarmnarbe weh tut.

Die Tür wird aufgemacht, Schwester Magdalena guckt

um die Ecke herum nach mir. Sie hat braune Augen und eine plattgedrückte Nase.

»Du kriegst Besuch, Liese«, ruft sie.

Mutter kommt, sie steht am Bett und lächelt mich an. Seit der Blinddarmoperation sehe ich sie zum erstenmal.

»Wir hatten so große Angst um dich«, sagt sie.

»Es tut noch sehr weh«, antworte ich. Am liebsten möchte ich die Bettdecke hochheben, ihr den Verband zeigen, aber dann würde das Puzzle verrutschen.

Mutter setzt sich und hilft mir, die Teile für den Himmel zu suchen. Sie findet sie, aber einsetzen will ich sie selbst. Nach einer Weile haben wir das Loch im Himmel zugepuzzelt, ein ganz zarter, hellblauer Himmel ist es.

Wir suchen jetzt die Teile für den Waldboden, und beim Einpassen erzählt Mutter, daß sie während der Operation vor der Tür gesessen habe, bis der Arzt aus dem Operationssaal herauskam und ihr mitteilte, daß alles in Ordnung sei. Aber höchste Zeit sei es gewesen, der Blinddarm war kurz vor dem Durchbruch. Sie erzählt, daß mich die Leute aus dem Lager grüßen lassen, sagt, daß sich Opa Wulf, der alte Mann, der uns gegenüber schläft, jetzt um Wolfgang kümmert, so daß sie ganz beruhigt zu mir kommen konnte.

Es dauert nicht lange, da kommt Schwester Magdalena wieder herein. Sie möchte, daß Mutter wieder geht, weil ich schlafen soll.

Mutter geht, verspricht, jeden Tag wiederzukommen und sagt: »Iß nur tüchtig, Liese, hörst du!«

Mutter ist fort. Auch in den anderen Betten im Zimmer liegen frisch operierte Kinder. Sie sagen nicht viel, haben nur Durst, genau wie ich.

Opa Wulf aus dem Lager ist ein lieber Mensch, und die Leute lassen mich grüßen. Es sind ja so viele im Lager, die kennen mich doch gar nicht richtig. Sicher wird Mutter unten in der Lagerküche von meiner schwierigen Operation erzählt haben.

Da stehen sie immer, die Frauen, um die Herde herum,

rühren in ihren Pfannen und Töpfen oder warten auf den Bänken an der Wand, bis ein Platz auf dem Herd für sie frei wird. Das ist eine gute Gelegenheit zum Erzählen.

Jetzt wohnen wir wieder in einem Lager, in einem Flüchtlingslager, hier in Hannover, wo doch alles viel besser sein sollte als in Gößnitz.

Schon als wir am Bahnhof ankamen, konnte ich merken, daß hier nicht alles besser ist. Die Mauern der Bahnhofshalle waren zerschossen vom Krieg, auf dem Platz vor dem Bahnhof lagen Trümmerreste, ganze Straßenzüge entlang standen rechts und links nur aufeinandergeschichtete Steine an den Straßenrändern.

Wir wurden in ein Hospiz in Bahnhofsnähe geschickt, dort durften wir ein paar Nächte bleiben. Bei Vater in der Holzbaracke war kein Platz für uns. Er lebte mit fünf anderen Männern in einem kleinen Raum, hatte nur seinen Bettplatz und ein Fach für die Wäsche im Eisenschrank. Alles andere teilte er mit den fünf Männern: die zwei Hocker, den Tisch, den Ofen, die Töpfe und das Geschirr.

Als wir ankamen, kochte er uns Malzkaffee, und die Männer liehen uns Kindern ihre Tassen. Es war gemütlich in Vaters Baracke, aber wir hatten keinen Platz dort.

In Hannover gibt es keine Wohnung für uns, auch hier sind viele Flüchtlinge, Vertriebene aus den deutschen Ostgebieten, und viele Menschen, deren Häuser ausgebombt wurden. Alle suchen eine Wohnung.

»Drei Kinder haben Sie!« hörten wir immer wieder von den Leuten, deren Adresse Mutter vom Wohnungsamt bekommen hatte. Drei Kinder waren immer zu viel für die Vermieter von Zimmern, kleinen Wohnungen oder irgendwelchen Räumen im Haus.

Es blieb uns nichts anderes übrig, als in ein Lager zu ziehen. Wir wohnen jetzt in einem früheren Schulgebäude, einem Klassenraum, gleich links neben der Treppe im ersten Stock.

Und gleich hinter der Tür ist unser Platz.

Zwischen die beiden Stockbetten, in denen wir zu fünft schlafen, paßt gerade ein Tisch. Und neben uns, nur durch eine Wand aus Packpapier, das Mutter mit Reißzwecken an meinem Bett befestigt hat, getrennt, wohnen schon die nächsten Leute. Sechs Familien in einem Klassenraum.

Wenn ich abends im Bett liege, höre ich sie reden, lachen, schimpfen, streiten, rülpsen, gähnen, mit Sachen hantieren.

Am liebsten mag ich Oma und Opa Wulf. Sie wohnen uns gegenüber, haben nur einen schmalen Gang neben ihrem Stockbett. Wenn sie essen, stellen sie den Teller auf ihre Knie. Oma Wulf hat an ihrem Bettpfosten Fotos von ihrem Sohn hängen. Der mußte mit sechzehn Jahren in den Krieg und ist vom Rußlandfeldzug noch nicht zurückgekommen.

»Ich bete jeden Abend und jeden Morgen, daß er wieder nach Hause kommt«, sagt sie.

Oma Wulf schläft oben im Stockbett, weil sie leichter als Opa Wulf ist und noch besser klettern kann.

Opa Wulf geht oft mit Wolfgang in den umliegenden Straßen spazieren und sucht Altmetall und Nägel. Wenn es regnet, sitzen die beiden draußen im Flur auf der Treppe und klopfen die Nägel gerade. Opa Wulf kennt eine Stelle, wo er die Nägel verkaufen kann.

Schade, daß ich die Lagerkinder noch nicht richtig kenne, der Blinddarm kam dazwischen. Weil ich so oft Bauchschmerzen hatte, durfte ich draußen nicht mitspielen. Aber es sind schon ein paar Kinder dabei, die mir gefallen. Auf dem Weg über den Hof zum Toilettenhaus habe ich sie gesehen.

Mutter kommt jetzt jeden Tag ins Krankenhaus. Gestern hat sie mir eine Orange mitgebracht, die erste in meinem Leben, und Schokolade. Leider muß ich die Schokolade noch aufheben, darf sie erst in ein paar Tagen essen wegen der Verstopfungsgefahr, schade.

Aber so sehe ich sie wenigstens auf dem Nachttischchen, und an ihr kann ich erkennen, daß ich im Westen bin. Wenn Waltraud und Walter die Schokolade sehen könnten!

Heute werde ich entlassen, aber nicht ins Lager. Weil ich noch so dünn und unterernährt bin, werde ich jetzt gleich in ein Erholungsheim in den Deister gebracht. Der Deister ist ein Gebirge in der Nähe von Hannover. Das hat mir Schwester Magdalena erzählt. Während der Fahrt im Krankenwagen kann ich aber nichts von der Landschaft sehen, weil ich auf einer Pritsche liegen muß. Sybille, meine Bettnachbarin aus dem Krankenhaus, liegt neben mir. Sie kommt wie ich in das Erholungsheim. Als wir ausgeladen werden, können wir sehen, daß das Heim eine Holzbaracke ist, die zwischen hohen Bäumen steht. Sybille und ich werden wieder zusammen in ein Zimmer gelegt. Hier haben die Schwestern mehr Zeit für uns als im großen Krankenhaus. Sie setzen sich zu uns ans Bett und erzählen, oder sie spielen mit uns Quartett. Sie sagen uns immer wieder, wir sollen viel essen, damit wir bald in den Wald gehen dürfen.

Am Abend ist das Fenster noch weit auf. Ich höre die Bäume im Wald rauschen und sehe zu, wie die Abendsonne Kringel an die Bretter der Zimmerwand malt.

Hier gefällt es mir.

Es ist ganz ruhig in der Baracke. Plötzlich ein leises Geräusch von Papier! Aus der Bretterwand an meinem Bett schiebt sich ein zusammengerollter Zettel und fällt auf meine Decke.

»Sybille, guck mal«, ruf ich zu ihr rüber.

Sie kommt an mein Bett, wir rollen den Zettel auf.

Hallo ihr, schreibt mal was, Dieter.

Wir kichern, im Zimmer neben uns liegt also ein Junge. Er heißt Dieter.

Wie alt bist du?
schreiben wir auf den Zettel, rollen ihn wieder eng zusammen und schieben ihn zurück durch das kleine Loch in der Wand.

Hin und her geht der Zettel, er ist schon ganz vollgekritzelt. Jetzt wissen wir: Dieter ist zwölf Jahre alt, hatte Lungenentzündung und ist schon vier Wochen hier; er kennt eine Stelle im Wald, wo es Himbeeren gibt.

Wie Dieter wohl aussieht? Durch das Loch im Brett kann ich nichts erkennen. Er darf ja schon aufstehen, dann kann er morgen ans Fenster kommen.

Er kommt schon heute, aber nicht ans Fenster. Ganz leise geht die Tür auf, er lacht zu uns herein und verschwindet wieder, weil er eine Schwester gehört hat.

Türenklappen, Stimme am Loch in der Wand: »Nichts verraten!«

Ich freue mich auf morgen. Morgen ist Sonntag, und wir haben einen Freund hier.

Am Sonntagnachmittag kommt Vater. Er steht auf einmal im Zimmer und strahlt, in der Hand eine Tafel Schokolade. Mit Vaters Besuch habe ich am allerwenigsten gerechnet, es sind viele Kilometer von Hannover zum Deister, und er hat ja kein Geld für die Bahnfahrt.

»Ich bin zu dir gewandert«, sagt er, »es ist so ein schöner heller Tag, und ich muß doch sehen, wie es dir geht, Liese.«

Vater erzählt mir von draußen, wie er über den Deisterkamm gekommen ist und die Baracken hier unten im Tal gesehen hat; wie er dachte, da hat es seine Liese gut.

Er erzählt mir von den sonnigen Waldwegen, den Himbeeren an den Wegrändern, den Waldtauben, die er gesehen hat, wie sie in das Birkenwäldchen geflogen sind und wie der Himmel so blau ist.

Ich will schnell gesund werden, sehr schnell.

Ich habe ihn verloren. Ich finde ihn nicht mehr zwischen den vielen Menschen auf der Straße, die zum Hauptbahnhof führt.

Wie er das nur gemacht hat, so schnell durch die Leute hindurch zu rollen, ich komme an ihnen ja kaum vorbei. In beiden Richtungen laufen sie, mit Einkaufstaschen beladen, wollen zum Zug oder mit der Straßenbahn nach Hause fahren.

So viele Menschen in einer Straße mitten in der Stadt gab es in Gößnitz nie, höchstens nach einer Versammlung am Schulplatz oder nach der Zirkusvorstellung. Hier in Hannover ist es jeden Nachmittag so voll, sagt Vater, immer, wenn die Leute von ihrer Arbeit nach Hause gehen. Ich werde mich schon daran gewöhnen. Ich schiebe zwei Frauen zur Seite, drücke mich an der Hauswand entlang, beeile mich, ich will den Mann wiedersehen.

Mäntel, Beine, Schuhe von hinten.

Beine können gehen, können laufen, die Straße entlang, können stehenbleiben, wenn der Mensch nicht mehr laufen will.

Der Mann, den ich suche, dem ich hinterherrenne, hat keine Beine mehr. Ab sind sie, einfach ab, kurz unter dem Bauch.

Ich höre einen schrillen Ton, in kurzen Abständen auf einer Trillerpfeife gepfiffen. Das muß er sein. Ich habe die Trillerpfeife ja vorhin in seinem Mund gesehen. Da, ich habe ihn, da rollt er, pfeift laut und pausenlos, und die Leute springen erschreckt zur Seite und lassen ihn vorbei. So kommt er schnell voran, das ist sein Trick. Ich hole ihn ein, haste kurz hinter ihm her.

Auf einem kleinen Brett mit Rädern sind seine Beinstümpfe mit einem Lederriemen festgeschnallt, die Soldatenjacke verdeckt die Stümpfe nicht ganz. Und die Hände!

Sie stoßen sich auf der Straße ab, rasch, in Eile, immer wieder berühren sie den staubigen Asphalt.

Ich möchte den Mann von hinten beschützen, daß ihm niemand was tut. Er ist ohne seine Beine viel kleiner als ich. Aber er weiß nicht, daß ich hinter ihm bin, ist es wohl schon gewohnt, so zu rollen. Jetzt überquert er die Straße vor dem Bahnhof, rollt über den Platz zum Reiterdenkmal, wird langsamer.

Am Sockel des Denkmals sitzen ein paar Männer, sie haben Soldatenmäntel an, haben grüne Rucksäcke neben sich stehen, unrasierte Gesichter. Der kleine Mann rollt zu ihnen hin, stellt sich neben ihnen auf, nein, steht nicht, sitzt, sitzt auch nicht, kann ja gar nicht sitzen, hat ja keine Beine zum Überschlagen. Er ist auf dem Brett.

Ich stehe vor ihm, sehe ihn an, sehe an meinen Beinen herunter. Sie wären zu kurz für ihn, zu dünn. Er streckt seine Hand aus und sieht den vorbeigehenden Leuten in die Gesichter. Eine Frau legt ihm ein Geldstück hinein.

Jetzt sieht er mich, sieht mich an, mit ernsten Augen. Er sieht fast so aus wie Herr Gabler, mein Lehrer aus Gößnitz, hat auch Sommersprossen und lächelt plötzlich.

»Sieht nicht schön aus«, sagt er zu mir, »wenn ich Geld habe, kaufe ich mir neue Beine.«

Ich glaube, ich stehe mit offenem Mund da, will was fragen, will wissen, warum er so aussieht. Ich brauche nicht zu fragen, er sagt es schon.

»Man hat mir die Beine abgenommen, sie waren ganz und gar zerschossen.« Er sagt es nicht zu mir, sagt es zu einer alten Frau, die ihm auch etwas Geld gibt.

Das muß ich Vater sagen. Ich drehe mich um. Vater! Ich hab ihn ja ganz vergessen, ich sollte vor dem Lebensmittelgeschäft auf ihn warten! Jetzt wird er mich suchen. Ich muß zurück.

Wieder renne ich mit dem Menschenstrom, bis zu der Stelle, an der ich auf Vater warten sollte. Da steht er schon, sieht mir entgegen.

»Du kannst doch nicht einfach weglaufen! Wo warst du denn? Ich bin schon eine ganze Weile hier«, sagt er.

Ich erzähle ihm von dem Soldaten, möchte, daß Vater ihn sieht, mit ihm spricht.

Aber Vater will nicht mitgehen, wir müssen nach Hause.

Er erzählt mir, daß viele Soldaten als Krüppel aus dem Krieg nach Hause gekommen sind, er hat sie gesehen, sehr viele, mit abgeschossenen Armen und Beinen.

»Die armen Jungen«, sagt er, »dieser sinnlose Krieg hat so viel Elend gebracht.«

Vater hält meine Hand und geht mit mir zurück zum Lager. Es ist ein weiter Weg bis an den Stadtrand, aber wir müssen das Straßenbahngeld sparen. Sonst ist mir das Laufen oft zu anstrengend, möchte lieber Straßenbahn fahren. Heute sage ich nichts, laufe mit langen Schritten neben Vaters Beinen her.

Von den Bäumen am Straßenrand fällt das Laub. Es beginnt zu regnen.

Zu Hause, im Lager, in unserem Bettenabteil im Klassenzimmer, steht ein Paket auf dem Tisch. Es sei für mich, sagt Mutter, aus der Schweiz. Aber ich kenne doch niemanden in der Schweiz! Wirklich, an mich ist es adressiert, deutlich steht mein Name auf dem Paket. Mutter sitzt am Bettrand, flickt Wolfgangs Hose und lacht.

»Da staunst du, was? Weil du so krank gewesen bist, hat unsere Gemeindeschwester deinen Namen an Leute in der Schweiz weitergegeben, an Menschen, die deutschen Kindern helfen wollen. Und jetzt ist ein Paket da.«

»Von wem ist es?« will ich wissen.

Da steht der Absender: Professor Ackermann, Horw, Luzern.

Mutter gibt mir die Schere.

»Pack nur aus!« sagt sie.

Alle stehen herum, unsere Bettnachbarn auch, Oma Wulf kommt schnell noch dazu. Sie staunen, was ich alles auf den Tisch stelle: eine Dose Kakao, Milchpulver, Mehl, Schokolade, ein Glas Honig, Fleischdosen!

Es ist wie Geburtstag oder wie Weihnachten.

So gute Lebensmittel können wir uns von dem wenigen Geld, das Vater auf dem Bau verdient, nur selten kaufen.

Wir stehen und staunen.

Ich kann es immer noch nicht begreifen. Ein fremder Mann aus einem anderen Land schickt ausgerechnet mir, einem fremden Kind, so ein teures Paket. Ich habe doch nichts dafür getan. Einfach deshalb habe ich es bekommen, weil ich krank gewesen bin.

»Aber er kennt mich doch gar nicht«, sage ich laut.

»Es gibt gute Menschen«, sagt Mutter, »und wir Deutschen müssen das besonders schätzen, weil wir im Krieg die Ausländer oft schlecht behandelt haben.«

»Aber wir doch nicht«, sage ich.

»Trotzdem, es waren die Deutschen«, Vater sagt es und holt zwischen den Päckchen einen Brief heraus.

Er öffnet ihn. Er ist an die Familie gerichtet und auch an mich.

Vater liest vor:

> »... Ich möchte Ihrem Kind ein wenig kräftigende Kost schicken, damit es bald wieder ganz gesund wird. Es ist nicht viel, was ich für Sie tun kann, aber ich hoffe, es hilft doch etwas. Ich weiß, daß die deutschen Kinder unschuldig sind an dem, was unter Hitlers Herrschaft in Deutschland geschah, und daß sie auch am Krieg keine Schuld tragen. Liese, Ihr Kind, soll erfahren, daß Menschen sich gegenseitig helfen können. Ich schicke Ihrer Liese ab jetzt jeden Monat ein Paket und hoffe, daß sie alle Dinge daraus gut gebrauchen kann. Ihr Professor Ackermann«

Vater macht eine Pause. »Ein guter Mensch«, sagt er. »Wir werden ihm einen Brief schreiben und ihm sagen, wie dankbar wir sind.«

Dann öffnet er eine Tafel Schokolade, echte Schweizer Schokolade! Jeder bekommt ein Stück.

»Aber das Größte ist für Liese«, ruft Mutter.

Herbst 1949

Eine gute Erfahrung: Unter fünfzig Menschen ist sicherlich einer, der dich versteht

---

»Ich komm noch mit zu dir rauf«, sage ich zu Gisela, während ich mich in den braunen Türrahmen drücke. Fast stoße ich an die vielen Klingelknöpfe. Ich hoffe, daß Gisela schnell die Tür aufschließt und mich reinläßt.

Christa und Siegtraut, die beiden Mädchen aus meiner Klasse, dürfen mich nicht sehen. Sie sind nach der Schule hinter mir hergerannt; ich bin schnell davongelaufen, damit sie mich nicht einholen. Ich werde jetzt erst einmal eine Weile bei Gisela bleiben, solange, bis ich ganz sicher bin, daß Christa und Siegtraut schon weit weg sind.

Sie wollen, daß ich ihnen die Zirkuskunststücke zeige, die ich in der Ostzone im Zirkus gelernt und dem Publikum vorgeführt habe. Wenn sie merken, daß ich geschwindelt und mir die Geschichten nur ausgedacht habe, werden sie mich vor der ganzen Klasse auslachen. Aber ich mußte ihnen irgend etwas Besonderes von mir erzählen, etwas ganz Tolles, weil sie schlecht über Lagerkinder sprechen. Sie sagen immer, die sind nur im Lager drin, weil sie es zu nichts bringen. Sie sagen, Lagerkinder sind dreckig und haben Läuse.

Deshalb wollen sie nicht mit Lagerkindern spielen, nicht einmal auf dem Schulhof mit ihnen zusammen sein.

Eigentlich könnten mir Christa und Siegtraut egal sein, icb habe ja eine Freundin in meiner neuen Klasse gefunden. Gisela ist es. Sie wohnt in einer richtigen Wohnung mit einem eigenen Flur, einer Küche und einem Badezimmer. Und sie mag mich, obwohl ich ein Lagerkind bin.

Aber die beiden anderen haben den gleichen Schulweg wie ich, und der ist weit, führt durch viele Straßen, und dann durch Schrebergärten hindurch, schließlich über eine Brücke. Erst dort trennen sich unsere Wege. Rechts hinunter geht es zum Lager, die beiden anderen aber gehen links ab zu ihren Häusern, die in großen Gärten liegen.

Jetzt im Herbst ist der Schulweg schlammig, überall stehen Pfützen, weil es so oft regnet. Es gehen kaum Erwachsene dort entlang, denn während der kalten Jahreszeit können sie in ihren Schrebergärten nichts tun. Da bin ich den beiden ausgeliefert. Sie schubsen mich in die Pfützen und nehmen mir den Ranzen weg. Gestern haben sie ihn über eine Gartenhecke geschmissen und sind einfach weggerannt.

Und darum habe ich heute früh, als ich sie auf dem Weg zur Schule wieder getroffen habe, erzählt, daß ich etwas kann, was sie nicht können, und daß ich in Gößnitz im Zirkus aufgetreten bin. Ich habe dabei an Anitas Zirkus gedacht und auch daran, daß ich manche Kunststücke fast so gut konnte wie sie. Und so wurde eben Anitas Zirkus zu dem meinen.

Anfangs machte das auch Eindruck auf die beiden, sie staunten und fragten mich aus. Ich habe erzählt, daß ich reite, daß ich die Waage auf dem Pferd kann, auf Zehenspitzen tanze und daß ich zaubern kann.

Dann aber sagten sie zu mir: »Du schneidest auf, das kannst du nicht.«

»Ich kann das doch!« antwortete ich trotzig.

»Das stimmt doch alles gar nicht«, sagten sie wieder.

So ging es hin und her, bis wir zum Schulhof kamen.

In der Pause umringten mich Christa und Siegtraut mit ihren Freundinnen. Ich sollte ihnen gleich die Kunststücke vormachen, sonst ginge es mir schlecht.

»Hier auf dem Schulhof mach ich nichts vor«, habe ich gesagt.

»Aber dann auf dem Heimweg! Wehe, wenn du uns angelogen hast.« Sie schrien richtig und lachten mich aus.

Zum Glück kam Gisela dazu. Sie sagte nur: »Laßt sie doch in Ruhe!« – und dann ließen sie mich erst mal stehen.

Ich laufe mit Gisela die Treppe hoch. Sie hält einen dicken Schlüsselbund in der Hand. Im dritten Stock angekommen, schließt sie die Tür auf. So einen Schlüsselbund, der zu einer Wohnung gehört, möchte ich auch einmal haben, zu einer Wohnung, die man abschließen kann, wenn man weggeht.

Im Lager gibt es keinen abgeschlossenen Raum für uns, überall sind Leute, viele Leute, sechs Familien in einem Klassenzimmer. Sie sind dabei, wenn ich esse, wenn ich Schulaufgaben mache, wenn ich mich wasche, wenn ich mich mit Wolfgang streite, wenn ich heule, wenn ich ins Bett gehe, wenn ich schlafe. Nie bin ich mal allein, immer geht gerade jemand vorbei, sieht mir zu, oder tut so, als sähe er mich nicht und sieht mich doch, sagt was zu mir, redet zu den anderen.

Giselas Mutter arbeitet in einem Büro und kommt erst spät nach Hause. So macht sich Gisela mittags Brote und Kaffee. Später kauft sie ein. Eßwaren für ein warmes Abendessen.

Ihre Mutter schreibt ihr auf einen Zettel, was sie einholen soll. In Giselas Küche gefällt es mir. Da ist ein Herd ganz für sie und ihre Mutter allein; sie können, wann sie wollen, einen Topf aufsetzen, müssen nicht erst warten, bis eine Gasflamme frei wird, wie wir im Lager.

Ich sehe Gisela zu, wie sie in aller Ruhe Malzkaffee kocht und uns beiden Brote mit Marmelade streicht.

So eine Küche müßte Mutter haben!

Ich bleibe lange bei Gisela, erzähle ihr auch, daß ich das mit den Kunststücken gelogen habe. Sie sagt mir, daß sie das niemandem verraten wird. Dann zeige ich ihr, was ich wirklich kann, Spagat, bis fast zum Boden, und wir üben beide auf ihrem weichen Teppich und lachen den ganzen Nachmittag.

Es ist schon ziemlich spät, als ich ins Lager zurückkomme. Mutter schimpft mit mir, weil sie nicht wußte, wo ich nach der Schule geblieben bin. Außerdem hatte sie schon auf mich gewartet, weil sie mir den Brief von Großmutter vorlesen wollte. An jeden von uns hat Großmutter ein paar Zeilen geschrieben. Mutter liest vor, weil Großmutter in deutscher Schrift geschrieben hat; die kann ich nicht lesen.

»Liebe Liese!
Ich kann dir nun endlich dein Bettjäckchen schicken, es ist fertig. Das Stricken ging mir nicht so schnell von der Hand, weil ich Schmerzen in den Armen hatte. Aber ich freue mich doch, daß du wenigstens etwas von deinem Preis hast.

Eigentlich hätte es ja eine Reise nach Berlin werden sollen. Weil du aber im Westen bist, wollten dir die Jungen Pioniere den Preis absprechen. Ich habe ihnen aber keine Ruhe gelassen, bis sie mir endlich ein paar Knäuel rosa Wolle gegeben haben. Ich glaube, du kannst das Bettjäckchen gut gebrauchen, weil es nachts im Lager oft kühl ist, ich weiß das von früher.

Walter läßt dich grüßen; er hilft mir, die Kohlen hochzutragen. Er ist ein lieber Junge.

Deine Großmutter«

Mir ist ganz warm geworden, als Mutter den Namen Walter vorliest. Der müßte jetzt hier sein und mit mir zur Schule gehen! Dann würden sich Christa und Siegtraut nichts trauen, da würden sie mich in Ruhe lassen.

Mutter sagt: »Großmutter wartet jetzt schon so lange darauf, daß wir sie nach Hannover holen. Aber hier im Lager können wir sie nicht unterbringen. Ob wir hier nie mehr herauskommen?« Aber dann fährt sie mit fester Stimme fort: »Das Wohnungsamt hat uns jetzt auf die Dringlichkeitsliste gesetzt – vielleicht hilft es was.«

»Die Kinder sagen, wir hätten selbst schuld, daß wir noch immer im Lager sind«, entfährt es mir jetzt.

»Welche Kinder haben das gesagt?« fragt Mutter.

»Zwei aus meiner Klasse.«

»Kinder reden nach, was die Erwachsenen sagen. Wo wohnen die beiden denn?«

»Drüben in den Einfamilienhäusern hinterm Kanal«, gebe ich zur Antwort.

»Haben sie Zimmer an Flüchtlinge vermietet?« will Mutter wissen.

»Christas Eltern bestimmt nicht, das weiß ich, weil sie mir das gesagt hat. Sie haben das Haus nur für sich allein.«

»Sie waren also nie obdachlos und können gar nicht wissen, wie schwer es ist, eine Wohnung zu finden. Deshalb kommen sie auch nicht darauf, Flüchtlingen zu helfen. Sie haben überhaupt kein Recht, schlecht von uns zu sprechen. Sie denken nur an sich.«

Frau Rote, unsere Bettnachbarin, kommt mit einer Zeitung zu uns herüber. Sie hat unser Gespräch bestimmt mit angehört, denn sie setzt sich gleich zu uns, zeigt auf einen Artikel in der Zeitung und sagt: »Im Frühjahr 1950 sollen die ersten 330 Wohnungen in einem Neubaugebiet für Flüchtlinge fertiggestellt sein. Familien mit vielen Kindern werden bevorzugt. Da werdet ihr bestimmt dabei sein.«

Mutter nimmt ihr die Zeitung aus der Hand und liest selbst. Sie schöpft Hoffnung, will Vater die Zeitung zeigen, wenn er von der Arbeit daheim ist.

Ich muß noch Schulaufgaben machen, sie müssen fertig sein, bevor Vater heimkommt, weil dann kein Platz mehr am Tisch ist. Ich hole meine Englischsachen heraus und schreibe die Sätze aus dem Buch ins Heft. Russisch gibt es hier nicht an der Schule. Schade. So mußte ich fast zehn Seiten englische Vokabeln nachlernen, die die anderen in der Klasse schon gelernt hatten.

Während ich schreibe, gucke ich zu Oma Wulf hinüber, sie lächelt zu mir rüber und nickt. Wenn ich fertig bin, werde ich ihr mein Heft zeigen, dann kann sie wieder staunen.

So – und nun nur noch Rechnen. Ich muß die Aufgaben von gestern noch einmal abschreiben, Herr Nüstedt, mein Lehrer, hat sie durchgestrichen, weil ich so geschmiert habe.

Jetzt gehe ich mit dem Englischheft zu Oma Wulf rüber, setze mich neben sie aufs Bett und lese ihr die Sätze vor.

Dann sagt sie: »Was du schon alles kannst, das haben wir früher nicht gelernt, ihr habt es heute gut.«

Bevor ich in unsere Ecke zurückgehe, werfe ich noch einen Blick auf das Foto von ihrem Sohn Franz. Er ist noch immer nicht zurück, jetzt, fünf Jahre nach dem Ende des Krieges.

Aber Oma Wulf sagt: »Er kommt noch, wirst es schon sehen.«

»Und wir kriegen im Frühjahr eine Wohnung«, sage ich zu ihr. »Und vielleicht findet Vater auch bald eine Stelle in seinem alten Beruf.«

Ein starker Duft von Selleriesuppe zieht in meine Nase. Mutter hat den Topf aus der Lagerküche geholt und deckt den Tisch.

Winter 1949/50

Wieder weiterhoffen, weiterplanen, weiterarbeiten!

Eine richtige neue Wohnung wird nicht gefunden, nur eine Behelfswohnung. Zwei Zimmer, Küche ohne Wasserhahn, kein Bad.

Zu viele sind es, die eine Wohnung brauchen: die Ausgebombten, die Flüchtlinge, die Vertriebenen. Aber es gibt einen kleinen Garten mit einem Kartoffelacker und die Hoffnung auf eigenes Gemüse im Sommer.

Nach und nach verschwinden die Ruinen in der Innenstadt, an ihrer Stelle wachsen kleine Läden mit bunten Schaufenstern, hier und da entsteht ein Hochhaus. Opti-

mismus überall, es wird besser, ihr seht es, der Wohlstand kommt!

Großmutter kommt nach, älter, gebrechlicher, mit großer Sehnsucht nach der Heimat, dem Dorf in der Tschechoslowakei.

»Deutschland baut auf!« tönt es laut aus dem neuen Radio zwischen amerikanischer Musik und neuen deutschen Schlagern. Auch das kann Großmutter nicht verstehen. »Wir sind jetzt noch weiter fort von zu Hause«, sagt sie. Doch wir anderen fassen Fuß, auch im Beruf, richten uns ein, wieder einmal von vorn, gründen wieder feste Freundschaften, verwachsen wieder einmal mit der Straßengemeinschaft, der Stadt, dem Land ... welcher Zukunft entgegen?

Schlußbemerkung

Auch heute noch müssen Menschen ihre Heimat verlassen. In diesem Augenblick bevölkern mindestens 10 Millionen Flüchtlinge unsere Erde. Die genaue Zahl weiß niemand, es sind noch mehr. Sie stammen hauptsächlich aus den Krisengebieten in Afrika, Asien und Lateinamerika. Sie kommen aus den Ländern, in denen Kriege geführt werden, in denen Gewalt und Hunger herrschen. Die flüchtenden oder vertriebenen Menschen sind auf der Suche nach einer Bleibe, einer Zuflucht, in der sie ohne Schrecken leben können. Sie sind arm geworden, oft haben sie nur noch das, was sie am Körper tragen können.

Und viele, viele Kinder sind dabei, von denen jedes einzelne eine traurige Geschichte erzählen könnte. In den überfüllten Lagern warten sie auf Hilfe. Sie warten auf die Hilfe von Menschen, die wissen, wie schlimm es ist, ohne Zuhause zu sein. Sie warten auf die Hilfe der Menschen, die in Ländern wohnen, in denen Frieden ist.

Folgende Quellen hat die Autorin benutzt:

Alfred M. de Zayas: Die Anglo-Amerikaner und die Vertreibung der Deutschen, C. H. Beck'sche Verlagsbuchhandlung, München 1977

Ernst Schwarz: Handbuch der Sudetendeutschen Kulturgeschichte, Band I und II, R. Lerche, München 1961

Josef Mühlberger: Zwei Völker in Böhmen, Bogen, München 1973

Frantisek Kavka: Geschichte der Tschechoslowakei, Orbis, Prag 1968